T0169804

LE SACREMENT DU LANGAGE

ARCHÉOLOGIE DU SERMENT

TEXTES PHILOSOPHIQUES

Giorgio AGAMBEN

LE SACREMENT DU LANGAGE
Archéologie du serment
(*Homo sacer* II, 3)

Traduit de l'italien par
Joël GAYRAUD

PARIS
LIBRAIRIE PHILOSOPHIQUE J. VRIN
6, Place de la Sorbonne, V e
2009

Titre original :
Giorgio Agamben, *Il sacramento del linguaggio.*
Archeologia del giuramento
(*Homo sacer* II, 3)
© 2008, Gius. Laterza & Figli, All rights reserved
Published by agreement with Marco Vigevani Agenzia
Letteraria

© *Librairie Philosophique J. VRIN,* 2009
Imprimé en France
ISBN 978-2-7116-2206-1

www.vrin.fr

LE SACREMENT DU LANGAGE

1. En 1992, le livre de Paolo Prodi, *Le Sacrement du pouvoir [Il sacramento del potere]*, a souligné avec force l'importance cruciale du serment dans l'histoire politique de l'Occident. Placé à l'articulation entre religion et politique, le serment ne témoigne pas seulement de cette « double appartenance » (Prodi, p. 522) qui définit, selon l'auteur, la spécificité et la vitalité de la culture occidentale chrétienne ; il a été aussi en réalité – selon le diagnostic qui sert de point de départ à tout le livre (*ibid.*, p. 11), – la « base du pacte politique dans l'histoire de l'Occident », qu'il est possible de retrouver en tant que tel en position éminente chaque fois que ce pacte entre en crise ou en vient à se renouer sous des formes différentes, des débuts du christianisme à la Querelle des investitures, de la « société jurée » du Moyen Âge tardif à la formation de l'État moderne. En toute cohérence avec cette fonction centrale qui est la sienne, le déclin irréversible du serment à notre époque ne peut que correspondre, selon Prodi, à une « crise qui investit l'être même de l'homme comme

animal politique» (*ibid.*). Si nous sommes aujourd'hui
«les premières générations qui, malgré la présence de
certaines formes et de certaines liturgies du passé [...]
vivent leur vie collective sans le serment comme lien
solennel et total, sacralement ancré, à un corps politique»
(*ibid.*), cela signifie alors que nous nous trouvons sans en
avoir conscience au seuil de «nouvelles formes d'association politique», dont il nous reste à penser la réalité
et le sens.

Comme le montre implicitement le sous-titre (*Le
serment politique dans l'histoire institutionnelle de
l'Occident*), le livre de Prodi est une recherche historique
et, selon une démarche habituelle dans de telles recherches, l'auteur ne se pose pas le problème de ce qu'il définit
comme le «noyau anhistorique et immobile du serment-
événement» (*ibid.*, p. 22). Ainsi, la définition «à partir du
point de vue anthropologique», sommairement esquissée
dans l'Introduction, reprend des lieux communs em-
pruntés à l'histoire du droit, à l'histoire de la religion et à la
linguistique. Comme il arrive souvent lorsqu'un phénomène social ou une institution se situe au croisement de
plusieurs territoires et de différentes disciplines, aucune
de celles-ci ne peut la revendiquer intégralement pour
sienne et, face à la masse souvent imposante des études
particulières ne se dégage aucune tentative de synthèse
qui rende compte de sa complexité, de son origine et de
sa pertinence globale. Comme par ailleurs une somme
éclectique des résultats des disciplines singulières ne
semble pas scientifiquement acceptable et que depuis

longtemps le modèle d'une « science générale de l'homme » n'a plus bonne presse, la présente recherche ne se propose pas tant d'étudier l'origine du serment que d'entreprendre son archéologie philosophique.

En effet, si l'on met en relation avec les résultats de la recherche en linguistique, en histoire du droit et des religions l'enjeu d'une étude comme celle de Prodi – qui, comme toute recherche historique authentique, ne peut pas ne pas interroger le moment présent –, il s'agit d'abord de se demander : qu'est-ce que le serment, qu'est-ce qui se joue en lui s'il définit et met en question l'homme lui-même comme animal politique ? Si le serment est le sacrement du pouvoir politique, qu'est-ce qui, dans sa structure et son histoire, a rendu possible le fait qu'il ait été investi d'une pareille fonction ? Quel niveau anthropologique à tous égards décisif est impliqué en lui, pour qu'il puisse mettre en question l'homme tout entier, dans la vie comme dans la mort ?

2. La fonction essentielle du serment dans la constitution politique est clairement exprimée dans le passage de Lycurgue que Prodi met en exergue à son livre : « Le serment est ce qui tient ensemble [*to synechon*] la démocratie ». Prodi aurait pu citer un autre passage, tiré du philosophe néoplatonicien Hiéroclès qui, au soir de l'hellénisme, semble réaffirmer cette centralité du serment en en faisant le principe complémentaire à la Loi :

> Nous avons précédemment montré que la Loi [*nomos*] est l'énergie toujours égale en vertu de laquelle Dieu

conduit, éternellement et immuablement, toutes choses
à l'existence. Nous appelons dès lors serment [*horkos*]
ce qui, suivant cette loi, conserve [*diatērousan*] toutes
les choses dans le même état et les rend stables : de cette
manière, dans la mesure où elles sont contenues dans
la garantie du serment et maintiennent l'ordre de la
loi, l'immuable fermeté de l'ordre de la création est
l'accomplissement de la loi créatrice (Hirzel, p. 74 ;
cf. Aujoulat, p. 109-110).

Il convient de prêter attention aux verbes qui, dans ces
deux passages, expriment la fonction du serment. Chez
Lycurgue comme chez Hiéroclès, le serment ne crée
rien, ne met pas en être, mais maintient uni (*synechō*) et
conserve (*diatēreō*) ce que quelque chose d'autre (chez
Hiéroclès, la loi ; chez Lycurgue, les citoyens ou le législa-
teur) a mis en être. Une fonction analogue semble assigner
au serment ce que Prodi définit comme le texte fondamen-
tal que la culture juridique romaine nous a transmis sur
cette institution, à savoir le passage du *De Officiis* (III, 29,
10) où Cicéron définit le serment en ces termes :

> *Sed in iure iurando non qui metus sed quae vis sit, debet*
> *intellegi ; est enim iusiurandum affirmatio religiosa ;*
> *quod autem affirmate quasi deo teste promiseris id*
> *tenendum est. Iam enim non ad iram deorum quae nulla*
> *est, sed ad iustitiam et ad finem pertinet.*

Le terme *affirmatio* ne signifie pas simplement
un énoncé linguistique, mais ce qui confirme et garantit
(l'énoncé qui suit, *affirmate promiseris*, ne fait que
renforcer la même idée : « Ce que tu as promis sous la

forme solennelle et confirmée du serment »). C'est sur cette fonction de stabilité et de garantie qu'insiste Cicéron, en commençant par écrire : « Dans le serment, il est important de comprendre non pas tant la peur qu'il inspire, que son efficacité propre [*vis*]. » Quant à la nature de cette *vis*, elle résulte sans équivoque de la définition étymologique de la *fides* qui, selon Cicéron, est en question dans le serment : *quia fiat quod dictum est appellatam fidem* (*ibid.*, I, 23).

C'est dans la perspective de cette *vis* spécifique qu'il faut relire les termes par lesquels Émile Benveniste, au début de son article de 1948, *L'expression du serment dans la Grèce ancienne*, en définissait la fonction :

> [Le serment] est une modalité particulière d'assertion qui appuie, garantit, démontre, mais ne fonde rien. Individuel ou collectif, le serment n'est que par ce qu'il renforce et solennise : pacte, engagement, déclaration. Il prépare ou termine un acte de parole qui seul possède un contenu signifiant, mais il n'énonce rien par lui-même. C'est en vérité un *rite oral*, souvent complété par un rite manuel de forme d'ailleurs variable. Sa fonction consiste non dans l'affirmation qu'il produit, mais dans la *relation* qu'il institue entre la parole prononcée et la puissance invoquée (Benveniste [1], p. 81-82).

Le serment ne concerne pas l'énoncé comme tel, mais la garantie de son efficacité : ce qui est en question en lui, ce n'est pas la fonction sémiotique et cognitive du langage comme tel, mais plutôt l'assurance de sa véracité et de sa réalisation.

3. Que le serment, sous ses différentes formes, ait pour fonction principale de garantir la vérité et l'efficacité du langage, voilà sur quoi semblent s'accorder les sources comme les chercheurs. «Les hommes, écrit Philon d'Alexandrie, étant sans foi [*apistoumenoi*, dépourvus de *pistis*, c'est-à-dire de crédibilité], recourent au serment pour obtenir la confiance» (*De sacrif. Ab. et Caini* 93). Cette fonction semble si nécessaire à la société humaine, malgré l'interdiction évidente de toute forme de serment dans les Évangiles (*Mt.* 5, 33-37 et *Jac.* 5, 12), il fut admis et codifié par l'Église qui en fit une part essentielle de son système juridique, légitimant ainsi son maintien et son extension progressive dans le droit et la pratique du monde chrétien. Et lorsqu'en 1672 Samuel Pufendorf recueille dans le *De jure naturae et gentium* la tradition du droit européen, c'est justement sur la capacité de garantir et de confirmer non seulement les pactes et les accords entre les hommes, mais plus généralement le langage lui-même, qu'il fonde la nécessité et la légitimité du serment:

> Avec le serment, notre langage et tous les actes qui se conçoivent au moyen du langage [*sermoni concipiuntur*] reçoivent un remarquable soutien [*firmamentum*]. Pour ceux-ci j'aurais pu en traiter opportunément plus loin, dans la section où l'on traite des garanties des pactes; cependant j'ai préféré en parler ici, parce qu'avec le serment ce ne sont pas seulement les pactes qui sont confirmés, mais aussi le simple langage [*quod iureiurando non pacta solum, sed et simplex sermo soleat confirmari*] (Pufendorf, p. 326).

Quelques pages plus loin, Pufendorf réaffirme le caractère accessoire du lien du serment, qui, en tant qu'il confirme une assertion ou une promesse, présuppose non seulement le langage, mais, dans le cas du serment promissif, l'énoncé d'une obligation :

> Les serments en soi ne produisent pas une obligation nouvelle et particulière, mais surviennent comme un lien en quelque sorte accessoire [*velut accessorium quoddam vinculum*] à une obligation valide en soi (*ibid.*, p. 333).

Le serment semble donc être un acte linguistique tendant à confirmer une proposition signifiante (un *dictum*), dont il garantit la vérité ou l'effectivité. C'est de cette définition, qui distingue entre le serment et son contenu sémantique, qu'il faudra vérifier l'exactitude et les implications.

א La plupart des chercheurs, de Lévy-Bruhl à Benveniste, de Loraux à Torricelli, s'accordent sur la nature essentiellement verbale du serment, même s'il peut être accompagné de gestes, comme celui de lever la main droite. En référence à la nature du *dictum*, on distingue d'ordinaire entre serment assertif, qui se réfère à un fait passé (et confirme par conséquent une assertion), et serment promissif, qui se réfère à un acte à venir (et où ce qui est confirmé est une promesse). Cette distinction est déjà clairement énoncée chez Servius (*Aen.* XII, 816 : *Iuro tunc dici debere cum confirmamus aliquid aut promittimus*). Ce n'est pas à tort cependant que Hobbes ramenait

ces deux formes de serment à une figure unique, essentiellement promissive : *Neque obstat, quod iusiurandum
non solum promissorium, sed aliquando affirmatorium
dici possit : nam qui affirmationem iuramento confirmat,
promittit se vera respondere* (*De cive* II, 20). La différence
concerne en effet non l'acte du serment, identique dans les
deux cas, mais le contenu sémantique du *dictum*.

4. À la fin de sa reconstruction de l'idéologie des trois
fonctions à travers l'épopée des peuples indo-européens,
Georges Dumézil examine un groupe de textes (celtiques,
iraniens, védiques), où semblent être en question les
maux ou les « fléaux » correspondant à chacune d'entre
elles. Il s'agit pour ainsi dire des « fléaux fonctionnels »
des sociétés indo-européennnes et dont chacun menace
l'une des trois catégories ou fonctions fondamentales :
les prêtres, les guerriers, les agriculteurs (en termes modernes : la religion, la guerre, l'économie). Dans l'un des
deux textes celtiques étudiés, le fléau correspondant à la
fonction sacerdotale est défini comme « la dissolution des
contrats verbaux », c'est-à-dire la dénégation et le désaveu
des obligations contractées (Dumézil [1], p. 616). Les
textes iraniens et védiques évoquent eux aussi le fléau
en termes analogues : l'infidélité à la parole donnée, le
mensonge ou l'erreur dans les formules rituelles.

On peut penser que le serment est le remède contre ce
« fléau indo-européen » qu'est la violation de la parole
donnée et, plus généralement, la possibilité de mentir
inhérente au langage. Cependant, pour parer à ce fléau, le

serment se révèle singulièrement inadapté. Nicole Loraux, dans son étude intitulée *Serment, fils de discorde*, s'est arrêtée sur un passage d'Hésiode (*Théogonie*, 231-232), où le serment n'est défini que négativement, par la possibilité du parjure, «comme si le premier n'avait d'autre visée que de châtier le second et n'avait donc été créé, à titre de fléau majeur, que pour ces parjures dont pourtant on estimerait volontiers que, par le simple fait de son existence, il les produit lui-même» (Loraux, p. 121-122). Dès l'époque archaïque, donc, alors que le lien religieux aurait dû être plus fort, le serment semble impliquer par essence la possibilité du parjure et être paradoxalement destiné, comme le suggère Loraux, non à éviter le mensonge, mais à combattre les parjures. Quelle que soit la manière dont on entend l'étymologie du terme grec désignant le parjure (*epiorkos*), sur laquelle les spécialistes ne cessent de débattre, il est certain que dans la Grèce archaïque et classique il est donné pour acquis. Non seulement Thucydide, décrivant les cités en proie à la guerre civile, écrit qu'il n'y a plus de «parole sûre ni de serment qui inspire la crainte», mais la tendance des Grecs (et notamment des Spartiates) à se parjurer était proverbiale même en temps de paix. Aussi Platon déconseille-t-il le serment des parties dans les procès parce qu'autrement on découvrirait que la moitié des citoyens sont des parjures. (*Lois*, XII, 948e). Et il est significatif que vers le IIIe siècle av. J.-C., les chefs d'école du Portique discutent pour savoir s'il était suffisant, pour qu'il y eût parjure, que celui qui jure ait, au moment où il prête serment, l'intention de ne pas s'y tenir (telle était l'opinion de Cléanthe), ou s'il était nécessaire, comme le voulait Chrysippe, qu'il ne s'acquitte pas effectivement de sa promesse (Hirzel, p. 75; *cf.* Plescia, p. 84). Comme garantie d'un contrat oral ou d'une promesse, le serment apparaissait, selon toute évidence depuis le début, totalement inadapté à son objectif, et une simple sanction du mensonge eût été certainement plus efficace. Le serment ne constitue en aucune manière un remède contre le «fléau indo-européen»: c'est plutôt le fléau lui-même qui, sous la forme du parjure, est contenu en lui.

Il est alors possible qu'à l'origine dans le serment ne soit pas seulement en question la garantie d'une promesse ou la véracité d'une affirmation, mais que l'institution que nous connaissons aujourd'hui sous ce nom contienne le souvenir d'un stade plus archaïque où il concernait l'essence même du langage humain et la nature des hommes en tant qu'«animaux parlants». Le «fléau» qu'il devait éviter n'était pas seulement la mauvaise foi des hommes, incapables d'être fidèles à leur propre parole, mais une faiblesse tenant au langage lui-même, la capacité des mots à se référer aux choses et celle des hommes à prendre acte de leur condition d'êtres parlants.

א Le passage d'Hésiode auquel Loraux se réfère se trouve dans la *Théogonie* 231-232: «*Horkos*, qui apporte aux hommes sur cette terre les plus grands maux, quand l'un d'eux sciemment se parjure». Toujours dans la *Théogonie* (775-806), l'eau du Styx est décrite comme «le grand serment des dieux » (*theōn megan horkon*) et, même dans ce cas, elle fait fonction de « grand fléau pour les dieux (*mega pēma theoisin*), parce que si l'un des immortels, en la versant, se parjure, […] il reste gisant, privé de souffle, une année entière, une torpeur cruelle l'enveloppe […], et quand, au bout d'un an, ce mal prend fin, il subit une épreuve plus rude : pendant neuf ans il est tenu à l'écart des dieux toujours vivants, et ne se joint plus à eux ni pour le conseil ni pour le festin ».

Cependant dès le début, le lien entre serment et parjure apparaît si essentiel que les sources évoquent un véritable « art du serment » – dans lequel selon Homère (*Od.*, 19, 394), excellait Autolycos, – consistant à prononcer des serments qui, grâce à des artifices verbaux, pouvaient, s'ils étaient pris à la lettre, signifier autre chose que ce qu'était censé comprendre celui à qui on le prêtait. C'est dans ce sens qu'il faut entendre l'observation de Platon selon lequel « Homère admire beaucoup Autolycos, le grand-père maternel d'Ulysse, et le proclame supérieur à tous les mortels dans l'art de voler et de jurer (*kleptosynēi th'horkoi te* [*Rép.* 334 b]) ».

5. Comment doit-on comprendre l'*arché* qui est en question dans une recherche archéologique comme celle que nous nous proposons de mener ici ? Jusqu'à la première moitié du XXe siècle, dans les sciences humaines, le paradigme d'une telle recherche avait été élaboré par la linguistique et la grammaire comparée. L'idée qu'il fût possible de remonter, par une analyse purement linguisti-

que, aux stades les plus archaïques de l'histoire humaine, avait été envisagée vers la fin du XIXᵉ siècle par Hermann Usener dans son étude sur les *Noms des dieux*. En se demandant, au début de sa recherche, comment avait pu se produire la création des noms divins, il avance l'idée que, pour répondre à une telle question, nous n'avons pas d'autres documents que ceux qui nous viennent d'une analyse du langage (Usener, p. 5). Mais avant lui déjà, la grammaire comparée avait inspiré les études des savants – de Max Müller à Adalbert Kuhn et à Émile Burnouf – qui, dans les trente dernières années du XIXᵉ siècle, avaient tenté de fonder la mythologie comparée et la science des religions. De même que la comparaison de formes linguistiques apparentées permettait de remonter jusqu'à des stades de la langue non attestés historiquement (ces formes indo-européennes, par exemple *deiwos* ou *med*, que les linguistes ont l'habitude de faire précéder d'un astérisque pour les distinguer des mots attestés dans les langues historiques), de même il était possible de remonter, grâce à l'étymologie et à l'analyse des signifiés à des stades autrement inaccessibles de l'histoire des institutions sociales.

C'est en ce sens que Dumézil a pu définir sa recherche comme l'œuvre non « d'un philosophe, » mais « d'un historien de la plus vieille histoire et de la frange d'ultra-histoire qu'on peut raisonnablement essayer d'atteindre » (Dumézil [2], p. 14), en reconnaissant en même temps sa dette envers la grammaire comparée des langues indo-européennes.

La consistance de la « frange d'ultra-histoire » que tente ici d'atteindre l'historien est donc solidaire de l'existence de l'indo-européen et du peuple qui le parlait. Elle existe dans la même mesure et dans le même sens où existe une forme indo-européenne ; mais chacune de ces formes, en toute rigueur, n'est qu'un algorithme exprimant un système de correspondances entre les formes existant dans les langues historiques ; et, pour reprendre les termes d'Antoine Meillet, ce que nous appelons indo-européen n'est que « l'ensemble de ces systèmes de correspondances [...] qui suppose une langue x parlée par des hommes x en un lieu x, en un temps x » où x vaut simplement pour « inconnu » (Meillet, p. 324). A moins de ne pas vouloir légitimer le *monstrum* d'une recherche historique qui produit ses documents originaux, on ne pourra jamais extrapoler de l'indo-européen des événements que l'on suppose historiquement arrivés. Pour cette raison, la méthode de Dumézil a marqué un progrès significatif par rapport à la mythologie comparée de la fin du XIXe siècle quand, vers 1950, il a reconnu que l'idéologie des trois fonctions (prêtres, guerriers, pasteurs, ou, en termes modernes, religions, guerre, économie) « ne s'accompagne pas forcément, dans la vie d'une société, de la division tripartite *réelle* de cette société, selon le modèle indien », mais qu'il représentait plutôt une « idéologie », quelque chose comme « un idéal et, en même temps, un moyen d'analyser, d'interpréter les forces qui assurent le cours du monde et la vie des hommes » (Dumézil [1], p. 15).

Dans le même sens, quand Benveniste publie, en 1969, son *Vocabulaire des institutions indo-européennes*, déclarant dans la préface que dans ses analyses « n'entre aucun présupposé extra-linguistique » (Benveniste [2], I, p. 10), on ne sait pas clairement de quelle manière on doit entendre le *locus* épistémologique et la consistance historique de ce qu'il appelle une « institution indo-européenne ».

C'est la nature et la teneur de la « plus vieille histoire » et de la « frange d'ultra-histoire » que peut atteindre une archéologie qu'il convient ici de définir dans la mesure du possible. Il est clair que l'*arché* vers laquelle l'archéologie essaie de remonter ne saurait être aucunement comprise comme une donnée localisable dans une chronologie (pas même dans une grille large de type préhistorique) ni non plus, au-delà d'elle, dans une structure métahistorique intemporelle (par exemple, comme ironisait Dumézil, dans le système neuronal d'un hominidé). Elle est plutôt une force opérant dans l'histoire, exactement comme les mots indo-européens expriment avant tout un système de connexions entre les langues historiquement accessibles ; l'enfant en psychanalyse une force qui continue à agir dans la vie psychique de l'adulte ; et le *big bang* que l'on suppose avoir donné naissance à l'univers quelque chose qui ne cesse d'envoyer vers nous sa radiation fossile. Mais à la différence du *big bang*, que les astrophysiciens prétendent pouvoir dater, certes en termes de milliards d'années, l'*arché* n'est pas une donnée, une substance ou un événement, mas plutôt un champ de courants historiques tendus entre l'anthropogenèse et le présent, l'ultra-histoire et l'histoire. Et comme telle – dans la mesure où, comme l'anthropogenèse, elle est quelque chose que l'on suppose nécessairement *arrivé*, mais impossible à hypostasier en un événement dans la chronologie – elle peut éventuellement permettre l'intelligibilité des phénomènes historiques.

Questionner archéologiquement le serment signifiera donc orienter l'analyse des données historiques, que nous limiterons pour l'essentiel au monde gréco-romain, vers une *arché* en tension entre l'anthropogenèse et le présent. L'hypothèse est, alors, que l'institution énigmatique, à la fois juridique et religieuse que nous désignons sous le terme de « serment », ne devient intelligible que si on la situe dans une perspective où elle met en cause la nature même de l'homme comme être parlant et animal politique. D'où l'actualité d'une archéologie du serment. En effet, l'ultra-histoire, comme l'anthropogenèse, n'est pas un événement que l'on pourrait regarder comme accompli une fois pour toutes ; elle est toujours en cours, car l'*homo sapiens* ne cesse jamais de devenir homme, n'a pas encore fini d'accéder à la langue et de jurer sur sa nature d'être parlant.

6. Avant de poursuivre notre recherche, il sera nécessaire de dissiper une équivoque préalable qui interdit l'accès à cette « plus vieille histoire » ou à cette « frange d'ultra-histoire » que peut raisonnablement espérer atteindre un archéologue. Prenons les analyses exemplaires qu'a consacrées Benveniste au serment d'abord dans

l'article déjà cité de 1947, puis dans le *Vocabulaire des institutions indo-européennes*. Dans chaque cas, ce qui est essentiel, c'est l'abandon de l'étymologie traditionnelle du terme *horkos*, qui le ramène à *herkos*, « enceinte, barrière, lien », et l'interprétation de l'expression technique pour le serment – *horkon omnymai* – par « saisir avec force l'objet sacralisant ». *Horkos* désigne donc « non une parole ni un acte, mais une *chose*, une matière investie de puissance maléfique et qui donne à l'engagement son pouvoir contraignant » (Benveniste [1], p. 85-86). *Horkos* est la « substance sacrée » (p. 90), qui s'incarne à chaque fois dans l'eau du Styx, dans le sceptre du héros ou les viscères des victimes sacrificielles. Sur les traces de Benveniste, un grand historien du droit grec, Louis Gernet, évoque presque dans les mêmes termes la « substance sacrée » avec laquelle on met en contact celui qui prononce le serment (Gernet [1], p. 270 : « Jurer, c'est entrer dans le domaine des forces religieuses, et bien entendu des plus redoutables »).

L'idée qu'expliquer une institution historique, signifie nécessairement la ramener à une origine et à un contexte sacré ou magico-religieux est si forte dans les sciences humaines, à partir de la fin du XIXᵉ siècle, que lorsque Jean Bollack, en 1958, écrit son article *Styx et serments* afin de démontrer, contre Benveniste, que le terme *horkos* n'acquiert son vrai sens que si on le rend à sa dérivation étymologique à partir de *herkos*, il ne s'aperçoit pas qu'il maintient finalement l'essentiel de l'argumentation qu'il entend critiquer :

> Le serment place le jurant, par la force magique des paroles, dans un rapport particulier avec les objets invoqués et avec le monde [...] Bien des objets invoqués, comme le foyer, recouvrent un domaine sacré. Mais dans un univers largement sacralisé, tout objet témoin pouvait se transformer, de garant et de préservateur, en puissance terrifiante. Cette relation particulière qui relie l'homme aux objets invoqués paraît être définie par le mot *horkos*, qui ne désigne pas, comme l'a pensé M. Benveniste, l'objet sur lequel le serment est proféré, mais l'enceinte dont s'entoure le jurant (Bollack, p. 30-31).

La sacralité se déplace ici de l'objet à la relation, mais l'explication demeure inchangée. Selon un paradigme infiniment répété, la puissance et l'efficacité du serment doivent être recherchées dans la sphère des « forces » magico-religieuses à laquelle il appartient à l'origine et que l'on présuppose comme la plus archaïque : elles en découlent et elles s'affaiblissent avec le déclin de la foi religieuse. Derrière l'homme que nous connaissons historiquement est présupposé ici un *homo religiosus* qui n'existe que dans l'imagination des chercheurs, parce que toutes les sources dont nous disposons nous présentent toujours, comme nous l'avons vu, un homme religieux et, aussi bien, irréligieux, fidèle aux serments et, aussi bien, capable de parjure. C'est ce présupposé tacite de toute analyse de l'institution que nous entendons ici mettre en question.

א La thèse de Benveniste sur l'*horkos* comme « substance sacrée » provient, comme le suggère le même auteur, d'un article d'Elias Bickermann, un spécialiste de

l'antiquité classique qui fut aussi un excellent historien du
judaïsme et du christianisme. L'article en question, publié
dans la « Revue des études juives » en 1935, ne se réfère au
serment qu'à titre d'exemple de méthode, dans le cadre
d'une critique du livre de Gerardus van der Leeuw sur la
Phénoménologie de la religion, paru deux ans auparavant.
Les principes méthodologiques exposés par Bickermann
semblent avoir exercé sur Benveniste une influence
notable, même s'ils reflètent, en réalité, une formation
culturelle commune (Bickermann, qui à partir de 1933
avait enseigné à Paris à l'École pratique des hautes études
et qui, jusqu'en 1942, où il fut contraint en raison de son
origine juive à se réfugier aux États-Unis – où son nom
s'orthographiera désormais Bickerman – avait été chargé
de recherches au Centre national de la recherche scientifique, se réclame explicitement de la méthode d'Antoine
Meillet qui avait été le maître de Benveniste). Il est de fait
que les quatre principes méthodologiques recommandés
par Bickermann (abandon du recours à la psychologie
pour expliquer les phénomènes religieux ; décomposition
des faits en leurs éléments constitutifs ou « thèmes » ;
analyse de la fonction des éléments singuliers dans leur
isolement ; étude de leur fonction dans le phénomène en
question) se retrouvent point par point chez Benveniste.
Encore une fois cependant, un chercheur aussi sagace,
examinant rapidement le serment pour illustrer sa méthode répète sans critique le paradigme de la place première
du sacré que Benveniste reprendra presque dans les
mêmes termes :

> Toujours et partout l'idée est de mettre une affirmation
> en rapport avec une chose sacrée […] le but reste
> partout le même : mettre l'affirmation en rapport
> avec la Substance sacrée (Bickermann, p. 220-221).

7. Nous avons montré ailleurs (Agamben, p. 79-89), à propos de la prétendue ambivalence du terme *sacer*, les insuffisances et les contradictions liées à la doctrine du « sacré » élaborée par la science et l'histoire des religions entre la fin du XIXᵉ siècle et les premières décennies du XXᵉ. Il suffira ici de rappeler que le moment déterminant dans la constitution de ce « mythologème scientifique » qui a conditionné négativement les recherches des sciences humaines dans un secteur particulièrement délicat, est la rencontre entre la notion latine de *sacer* et celle de *mana*, qu'un missionnaire anglican, Robert Henry Codrington, avait décrite dans son ouvrage sur les populations de Mélanésie (*The Melanesians*, 1891). Quatorze ans auparavant, Codrington avait déjà communiqué sa découverte dans une lettre à Max Müller qui s'en était servi dans les *Hibbert Lectures*, où le concept de *mana* devint la manière dont « l'idée de l'infini, de l'invisible et de ce que l'on appellera plus tard le divin peut apparaître sous une forme vaguement nébuleuse chez les peuples les plus primitifs » (Müller, p. 63). Les années suivantes, la notion réapparaît sous différents noms dans les études ethnographiques sur les Indiens d'Amérique (*orenda* chez les Iroquois ; *manitou* chez les Algonquins ; *wakan* chez les Dakotas) jusqu'à ce que Robert Marett, dans son

Threshold of Religion (1909) fasse de cette force invisible la catégorie centrale de l'expérience religieuse. Malgré l'inconsistance des théories sur la religion d'auteurs comme Müller (qui exerça une véritable dictature sur la « science » naissante – ou plutôt comme il préfère l'appeler – sur l'« histoire » des religions) et Marett, à qui l'on doit la notion d'animisme (un autre mythologème scientifique persistant), l'idée d'un « pouvoir ou d'une substance sacrée », aussi terrible qu'ambivalente, vague et indéterminée, comme catégorie fondamentale du phénomène religieux, a exercé une influence non seulement sur Durkheim, Freud, Rudolf Otto et Mauss, mais encore sur ce chef d'œuvre de la linguistique du XXᵉ siècle qu'est le *Vocabulaire* de Benveniste.

On a dû attendre l'essai de Lévi-Strauss paru en 1950 pour que le problème du sens des termes du type *mana* soit posé sur des bases entièrement neuves. Dans des pages mémorables, Lévi-Strauss a rapproché ces termes d'expressions communes de notre langage comme *truc* ou *machin*, employées pour désigner un objet inconnu ou dont on ne parvient pas à expliquer l'usage. *Mana*, *orenda*, *manitou* ne désignent pas quelque chose comme une substance sacrée ni les sentiments sociaux par rapport à la religion, mais un vide de sens ou une valeur indéterminée de signification qui concerne avant tout les chercheurs mêmes qui s'en servent :

> Toujours et partout, ces types de notion interviennent, un peu comme les symboles algébriques, pour représenter une valeur indéterminée de signification, en

elle-même vide de sens, et donc susceptible de recevoir n'importe quel sens, dont l'unique fonction est de combler un écart entre le signifiant et le signifié, ou, plus exactement, de signaler le fait que dans telle circonstance, telle occasion, ou telle de leurs manifestations, un rapport d'inadéquation s'établit entre signifiant et signifié (Lévi-Strauss, p. XLIV).

S'il est un lieu, ajoute Lévi Strauss, où la notion de *mana* présente effectivement les caractères d'une puissance mystérieuse et secrète, c'est d'abord dans la pensée des chercheurs : « Là vraiment, le *mana* est *mana* » (*ibid.*, p. XLV). A la fin du XIXᵉ siècle, la religion en Europe était devenue selon toute évidence, au moins pour ceux qui voulaient en faire l'histoire ou en construire la science, quelque chose de si étrange et de si indéchiffrable, qu'ils devaient en chercher la clef plutôt chez les peuples primitifs que dans leur propre tradition : mais, avec des notions de type *mana*, ceux-ci ne pouvaient que renvoyer comme en un miroir l'image extravagante et contradictoire que les chercheurs y avaient projetée.

א En parlant d'une inévitable dissociation entre signifiant et signifié, Lévi-Strauss reprend et développe de façon nouvelle la théorie de Max Müller qui voit dans la mythologie une sorte de « maladie » de la connaissance causée par le langage. Selon Müller, en effet, il faut chercher l'origine des concepts mythologiques et religieux dans l'influence que le langage, où sont nécessairement présents des paronymies, polysémies et ambiguïtés de toute sorte, exerce sur la pensée. « La mythologie, écrit-il, est l'ombre obscure que le langage jette sur la pensée et qui ne disparaîtra jamais, aussi longtemps que langage et pensée ne coïncideront pas entièrement – ce qui ne pourra jamais être le cas » (*cf.* Cassirer, p. 13).

8. Un autre aspect du mythologème scientifique que nous venons de décrire (et qui est en fait inséparable de lui), est l'idée que la sphère du sacré et du religieux – souvent unie à celle de la magie et l'on parlera alors, redoublant la confusion, d'une sphère « magico-religieuse » – coïncide avec le moment le plus archaïque auquel la recherche historique dans les sciences humaines puisse, fût-ce avec prudence, remonter. Une simple ana-lyse textuelle montre qu'il s'agit d'une présupposition arbitraire, opérée par le spécialiste à l'instant où il atteint, dans son domaine de recherche propre, une limite ou un seuil documentaire, comme si le passage à ce que Franz Overbeck appelait *Urgeschichte* et Dumézil « frange d'ultra-histoire » impliquait nécessairement de sauter les yeux fermés dans l'élément magico-religieux ; mais celui-ci n'est bien souvent que le nom donné, plus ou moins consciemment, par le chercheur à la *terra incognita* qui s'étend au-delà du domaine que le patient travail des historiens a réussi à définir. Soit, par exemple, dans l'histoire du droit, l'opposition entre sphère religieuse et sphère profane, dont les caractères distinctifs nous paraissent, au moins à l'époque historique, assez bien définis. S'il atteint en ce domaine un stade plus archaïque,

le chercheur a l'impression que les limites se brouillent et
est alors conduit à faire l'hypothèse d'un stade antérieur
où la sphère sacrée et la sphère profane (et souvent aussi
celle de la magie) ne sont pas encore distinctes. En ce sens,
Louis Gernet, travaillant sur le droit grec le plus ancien,
a appelé « pré-droit » une phase originaire où droit et
religion seraient indiscernables. De même Paolo Prodi,
dans son histoire politique du serment, évoque un « indistinct primordial » où le processus de séparation entre
religion et politique n'a pas encore commencé. Dans des
cas comme ceux-ci, il est essentiel d'avoir l'habileté de ne
pas projeter simplement et sans critique sur l'« indistinct
primordial » présupposé les caractères définissant la
sphère religieuse et la sphère profane qui nous sont
connus et sont précisément le résultat du patient travail
des historiens. De même qu'un composé chimique a
des propriétés spécifiques qu'il n'est pas possible de
réduire à la somme des éléments qui le composent, de
même ce qui se trouve avant la division historique – en
admettant qu'existe quelque chose de ce genre – n'est pas
nécessairement la somme opaque et indistincte des caractères qui définissent les produits de cette division. Le pré-
droit ne saurait être seulement un droit plus archaïque, de
même que ce qui se trouve avant la religion telle que
nous la connaissons historiquement n'est pas seulement
une religion plus primitive (le *mana*); il conviendrait
plutôt d'éviter les termes mêmes de religion et de droit et
tenter d'imaginer un terme x, pour la définition duquel
nous devons user de toute la prudence possible, en prati-

quant une sorte d'*époché* archéologique qui suspende, au moins provisoirement, l'attribution des prédicats par lesquels nous définissons d'ordinaire la religion et le droit.

Ce qu'il faudrait interroger maintenant c'est le seuil d'indistinction auquel vient se heurter l'analyse du chercheur. Il n'est pas quelque chose qui devrait être projeté sans précautions sur la chronologie, comme un passé préhistorique pour lequel en réalité manquent les documents, mais une limite interne dont la compréhension, mettant en question les distinctions acquises, peut aboutir à une nouvelle définition du phénomène.

א Le cas de Mauss est un heureux exemple de la manière dont la présupposition du complexe sacral agit fortement et, cependant est au moins en partie neutralisée par l'attention particulière aux phénomènes qui définit sa méthode. L'*Esquisse* d'une théorie générale de la magie de 1902 commence par une tentative de distinguer les phénomènes magiques de la religion, du droit et de la technique avec lesquels ils avaient été souvent confondus. Cependant l'analyse de Mauss tombe à chaque fois sur des phénomènes (par exemple les rites juridico-religieux contenant une imprécation, comme la *devotio*), qu'il est impossible d'assigner à une sphère unique. Mauss est amené alors à transformer l'opposition dichotomique religion-magie en une opposition polaire, dessinant ainsi un champ défini par les deux extrêmes du sacrifice et du maléfice, et qui présente nécessairement des seuils d'indécidabilité (Mauss, p. 14). C'est sur ces seuils qu'il concentre son travail. Le résultat, comme l'a noté Dumézil, est qu'il n'y aura plus pour lui des faits magiques d'un côté et des faits religieux de l'autre ; mais plutôt « un de ses principaux soucis a été de mettre en évidence la complexité de chaque phénomène et la tendance de la plupart à déborder toute définition, à se situer simultanément à divers niveaux » (Dumézil [3], p. 49).

9. Considérons maintenant le serment qui se présente, pour la seule époque où nous puissions l'analyser, c'est-à-dire celle pour laquelle nous avons des documents, comme une institution juridique qui contient des éléments que nous sommes habitués à associer à la sphère religieuse. Distinguer en lui une phase archaïque, où il ne serait qu'un rite religieux, d'une phase plus moderne, où il appartient pleinement au droit, est parfaitement arbitraire. En réalité, dès les documents les plus anciens dont nous disposons, comme l'est à Rome l'inscription sur le vase de Dvenos, qui doit remonter à la fin du VIᵉ siècle avant J.-C., il se présente comme une formule promissoire de caractère indubitablement juridique – dans ce cas précis, la garantie offerte par le tuteur de la femme à son futur mari au moment du mariage ou des fiançailles. Cependant, la formule, écrite en latin archaïque, mentionne les dieux, ou plutôt jure par les dieux (*iovesat deivos quoi me mitat*, « celui qui m'envoie – c'est le vase qui parle – jure (par) les dieux », Dumézil [3], p. 14-15). Nous n'avons ici nul besoin de présupposer comme plus ancienne une phase purement religieuse de l'histoire du serment, phase qu'aucun document en notre possession n'atteste comme

telle : dans la source la plus ancienne que la tradition latine nous laisse atteindre, le serment est un acte verbal destiné à garantir la vérité d'une promesse ou d'une assertion, qui présente les mêmes caractères qu'attestent les sources les plus tardives ; et dès lors, nous n'avons aucune raison de définir cet acte verbal comme plus ou moins religieux ou plus ou moins juridique.

Il en va de même pour la tradition grecque. Le serment que nous présentent les sources les plus anciennes dans un large éventail de cas implique le témoignage des dieux, la présence d'objets (le sceptre, comme dans le « grand serment » – *megas horkos* – d'Achille au début de l'Iliade, mais aussi les chevaux, le char ou les viscères de l'animal sacrifié), tous éléments que nous retrouverons à l'époque historique pour des serments qui ont certainement une nature juridique (comme dans les pactes entre cités fédérées, où le serment est défini comme « légal », *horkos nomimos* – *cf.* Glotz, p. 749). Et, comme nous l'avons vu, même les dieux jurent, en invoquant l'eau du Styx ; et, à en juger par ce que nous dit Hésiode sur la punition du parjure commis par un dieu, même ceux-ci sont soumis à l'autorité du serment. Nous possédons en outre un témoignage qui fait autorité, celui d'Aristote, qui nous informe que les philosophes les plus anciens, « qui furent les premiers à spéculer sur le divin [*theologēsantas*] » comptaient parmi les principes premiers de l'univers, à côté d'Océan et de Téthys, « le serment sur l'eau que l'on nomme le Styx » (*Mét.* 983b, 32) et il ajoute :

Ce qu'il y a de plus ancien [*presbytaton*] est ce qu'il y a de plus vénérable [*timiōtaton*], et ce qu'il y a de plus vénérable est le serment [*horkos de timiōtaton estin*] (*ibid.*, 34-35).

Selon ce témoignage, le serment est la chose la plus ancienne, pas moins ancestrale que les dieux, qui lui sont même, en quelque sorte, soumis. Mais cela ne signifie pas qu'il faille le penser comme une « substance sacrée » ; au contraire, le contexte du passage, qui est celui de la reconstruction de la pensée de Thalès à l'intérieur de la brève histoire de la philosophie qui ouvre la *Métaphysique*, conduit plutôt à situer le serment parmi les « principes premiers » (*prōtai aitiai*) des philosophes présocratiques, comme si l'origine du cosmos et de la pensée qui le saisit impliquait en quelque sorte le serment.

Tout le problème de la distinction entre le juridique et le religieux, notamment pour le serment, est donc mal posé. Non seulement nous n'avons aucune raison de postuler une phase pré-juridique où il appartiendrait à la seule sphère religieuse, mais peut-être notre manière habituelle de nous représenter la relation chronologique et conceptuelle entre le droit et le religion doit-elle être revue. Peut-être le serment nous présente-t-il un phénomène qui n'est, en soi, ni (seulement) juridique, ni (seulement) religieux, mais qui, pour cette raison même, peut nous permettre de repenser complètement ce qu'est le droit et ce qu'est la religion.

א Lorsqu'on oppose droit et religion, il convient de rappeler que les Romains considéraient la sphère du sacré comme partie intégrante du droit. Le *Digeste* s'ouvre sur la distinction entre *ius publicum*, qui regarde le *status rei publicae*, et *ius privatum*, qui concerne la *singulorum utilitatem*; mais juste après, le *ius publicum* est défini comme ce droit « qui consiste dans les choses et les rites sacrés, dans les prêtres et dans les magistrats » (*ius publicum quod in sacris, in sacerdotibus, in magistratibus consistit* – Ulpien, *Dig.*, I, 1). Dans le même sens, Gaius (*Inst.* II, 2) distingue les choses selon qu'elles appartiennent au *ius divinum* ou au *ius humanum*, en précisant que *divini iuris sunt veluti res sacrae et religiosae*; mais cette *summa divisio* des choses est, à l'évidence, intérieure au droit.

10. Deux textes vont nous permettre de reprendre l'analyse du serment sur des bases nouvelles. Le premier est un passage des *Legum allegoriae* (204-208) de Philon qui, à propos du serment que Dieu fit à Abraham in *Gen.*, 22, 16-17, met le serment en relation constitutive avec le langage de Dieu :

> Note que Dieu ne jure sur rien d'autre – il n'est rien qui lui soit supérieur – que sur lui-même, puisqu'il est le meilleur de tous. Certains disent cependant que jurer ne lui convient pas car le serment se fait en vue de la confiance [*pisteōs eneka*] et Dieu seul est sûr [*pistos*] [...] Le fait est que les paroles de Dieu sont des serments [*hoi logoi tou theou eisin horkoi*], des lois divines et des normes sacro-saintes. La preuve de sa force est que ce qu'il dit arrive [*an eipēi ginetai*], ce qui est la caractéristique la plus propre du serment. Il s'ensuit que ce qu'il dit, toutes les paroles de Dieu, sont des serments confirmés par leur accomplissement dans les actes [*ergōn*

apotelesmasi]. On dit que le serment est un témoignage [*martyria*] de Dieu sur les choses dont on dispute. Mais au cas où Dieu jurerait, il témoignerait pour lui-même, ce qui est absurde, puisque celui qui rend témoignage et celui pour lequel on témoigne doivent être différents [...] Si nous entendions de manière juste l'expression "j'ai juré sur moi-même", nous mettrions fin à ces sophismes. Peut-être en est-il ainsi : aucun de ceux qui peuvent offrir une garantie [*pistoun dynatai*] ne peut le faire avec sûreté par rapport à Dieu, puisqu'il n'a révélé sa nature à personne, mais l'a tenue secrète à tout le genre humain [...]. Lui seul peut donc faire des affirmations sur lui-même, car lui seul connaît exactement et sans se tromper sa propre nature. Dans la mesure où Dieu seul peut s'engager sur lui-même et sur ses actions, c'est à raison, alors, qu'il jura sur lui-même, en se faisant le garant de soi [*ōmnye kath' heautou pistoumenos heauton*] et personne d'autre n'aurait pu le faire. C'est pourquoi l'on devrait tenir pour impies ceux qui disent qu'ils jurent sur Dieu : personne en réalité ne jure sur lui, car nul ne peut avoir connaissance de sa nature. Nous devons nous contenter de pouvoir jurer sur son nom, c'est-à-dire sur le mot qui en est l'interprète [*tou hermeneōs logou*]. Celui-ci est le Dieu pour les êtres imparfaits, alors que le Dieu des parfaits et des sages est le premier. Aussi Moïse, rempli d'étonnement par l'excès de l'inengendré, a-t-il dit : "tu jureras sur son nom" et non sur lui. La créature engendrée ne peut donner foi et témoignage qu'avec la parole de Dieu : Dieu lui-même est en revanche la foi [*pistis*] et le témoignage le plus fort de lui-même.

Essayons de comprendre en cinq thèses les implications de ce court traité sur le serment : .

1) Le serment est défini par la vérification des paroles dans les faits (*an eipēi ginetai*, correspondance ponctuelle entre paroles et réalité).

2) Les paroles de Dieu sont des serments.

3) Le serment est le *logos* de Dieu et seul Dieu jure vraiment.

4) Les hommes ne jurent pas sur Dieu, mais sur son nom.

5) Puisque nous ne savons rien de Dieu, la seule définition certaine que nous pouvons donner de lui est qu'il est l'être en qui les *logoi* sont des *horkoi*, dont la parole témoigne de soi avec une absolue certitude.

Le serment, défini par la correspondance entre les paroles et les actes, prend ici une fonction absolument centrale, non seulement sur le plan théologique en tant qu'il définit Dieu et son *logos*, mais aussi sur le plan anthropologique, parce qu'il met en relation le langage humain avec le paradigme du langage divin. En effet, si le serment est ce langage qui s'actualise toujours dans les faits et si celui-ci est le *logos* de Dieu (dans le *De sacrificiis*, [65], Philon écrira que « Dieu, en parlant, créait par la même occasion [*ho theos legōn ama epoiei*] »), le serment des hommes est alors la tentative d'adapter le langage humain à ce modèle divin en le rendant, pour autant que possible, *pistos*, c'est-à-dire crédible.

Dans le *De sacrificiis* (93), Philon confirme cette fonction du serment :

> Les hommes, écrit-il, étant infidèles, recourent au serment pour obtenir de la crédibilité ; Dieu, en

revanche, quand il parle, est digne de foi [*pistos*], puisque ses *logoi* ne diffèrent en rien, quant à la certitude, d'un serment. Nous ajoutons le serment à nos affirmations, alors que le serment lui-même est rendu digne de foi par Dieu. Dieu n'est pas crédible à cause [*dia*] du serment, mais le serment est sûr à cause de Dieu.

Considérons l'implication réciproque entre Dieu et le serment contenue dans la dernière phrase. Celle-ci reprend un modèle rhétorique qui n'est pas seulement fréquent dans le judaïsme, et qui opère en renversant une vérité confirmée (dont *Mc.*, 2, 27 – « le sabbat est fait pour [*dia*] l'homme et non l'homme pour le sabbat » – est un bon exemple). Dans la tradition classique l'*horkos* est par excellence *pistos*, de même que dans la tradition judaïque *pistos* (*eman*) est par excellence l'attribut de Dieu. En développant cette analogie (peut-être sur les traces du vers d'Eschyle – fr. 369 – où on lit que « le serment n'est pas garant de l'homme, mais l'homme du serment »), Philon établit un lien essentiel entre Dieu et serment, en faisant de celui-ci la parole même de Dieu. Ainsi, cependant, ce n'est pas seulement le langage humain, mais Dieu lui-même qui est attiré irrésistiblement dans la sphère du serment. Dans le serment en effet, le langage humain communique avec celui de Dieu; d'autre part, si Dieu est l'être dont les paroles sont des serments, il est absolument impossible de décider s'il est digne de foi à cause du serment où si le serment est digne de foi à cause de Dieu.

11. Le second texte est le célèbre passage du *De Officiis* (III, 102-103), dont nous avons déjà cité quelques

lignes qu'il faut maintenant remettre dans leur contexte. Il y est question du comportement d'Attilius Regulus : envoyé à Rome par des ennemis dont il était le prisonnier et auxquels il avait juré de revenir, il décida de le faire en sachant qu'il serait mis à mort. La question que pose Cicéron concerne l'origine du pouvoir contraignant du serment : « Qu'y a-t-il dans le serment ? Est-il vrai que ce que nous craignons, c'est la colère de Jupiter ? ». Pourtant, répond-il, les philosophes soutiennent tous que les dieux ne se mettent pas en colère et ne nuisent pas aux hommes. C'est là qu'il énonce la célèbre définition du serment que nous avons citée :

> Dans le serment il n'est pas besoin de comprendre quelle est la crainte qu'il inspire, mais quelle est son efficacité [*non qui metus sed quae vis sit debet intellegi*]. Le serment est en effet, une affirmation religieuse [*affirmatio religiosa*], et ce que tu as promis sous forme solennelle et confirmée comme si tu avais Dieu pour témoin, tu dois le tenir.

L'argumentation avec laquelle Cicéron fonde ici la *vis* du serment est décisive. Elle ne concerne pas la colère des dieux, qui n'existe pas (*quae nulla est*), mais la foi (*fides*). Le caractère contraignant du serment ne découle donc pas, selon une opinion trop souvent reprise par les chercheurs modernes, des dieux, qui ont été appelés seulement comme témoins, mais du fait qu'il relève d'une institution plus large, la *fides*, qui règle les relations entre les hommes comme celles entre les peuples et les cités. « Celui qui viole un serment, viole la confiance (*Quis ius*

igitur iurandum violat, is fidem violat) ». Dans le passage
du premier livre de l'œuvre cité précédemment, la *fides*,
fondement de la justice, avait été définie étymologiquement, exactement comme chez Philon, par la vérification
de ce qui est dit : *quia fiat quod dictum est appellatam
fidem* (*ibid.*, I, 23). La foi est donc essentiellement la
correspondance entre le langage et les actions. Regulus,
comme peut en conclure Cicéron, a bien agi en observant
son serment : s'il est permis en effet de ne pas observer
un serment conclu avec des pirates, avec lesquels en tant
que *hostes omnium*, il ne saurait y avoir une foi commune,
il serait injuste de « bouleverser par un parjure les pactes
et les accords qui règlent les guerres et l'hostilité »
(*condiciones pactionesque bellicas et hostiles perturbare
periuio*).

א Il est opportun de préciser le sens du terme *religiosus* dans la définition cicéronienne du serment. À Rome,
ce qui a été consacré aux dieux infernaux est *res religiosa*
(*religiosae quae diis manibus relictae sunt*, Gaius, 2, 2);
en ce sens, ce qui est par excellence *religiosus*, c'est le
sépulcre, le lieu où a été inhumé un corps (*corpus*, que les
Romains distinguaient de *cadaver*, qui désigne un mort
privé de sépulture). La *res religiosa* est soustraite à l'usage
profane et au commerce et ne peut être aliénée ni réduite en
servitude ni donnée en usufruit ou en gage ni rendue objet
d'une quelconque stipulation (Thomas, p. 74). Plus généralement, la chose religieuse, comme la chose sacrée, est
sujette à une série de prescriptions rituelles qui la rendent
inviolable et qu'il faut observer scrupuleusement. On

comprend alors en quel sens Cicéron pouvait parler du serment comme d'une *affirmatio religiosa*. L'« affirmation religieuse » est une parole garantie et soutenue par une *religio*, qui la soustrait à l'usage commun et, en la consacrant aux dieux, en fait l'objet d'une série de prescriptions rituelles (la formule et le geste du serment, l'appel des dieux à témoin, la malédiction en cas de parjure etc.). Dans ce contexte, le double sens du terme *religio*, qui selon les lexiques signifie aussi bien « sacrilège, malédiction » qu'« observance scrupuleuse des formules et des normes rituelles », s'explique sans difficulté. Dans un passage du *De natura deorum* (II, 11), les deux sens sont à la fois distincts et juxtaposés : le consul Tiberius Gracchus, qui avait oublié de prendre les auspices au moment de la désignation de ses successeurs, préfère reconnaître son erreur et annuler une élection qui a eu lieu contre la *religio*, plutôt que laisser un « sacrilège » (*religio*) contaminer l'État : *peccatum suum, quod celari potest, confiteri maluit, quam haerere in re publica religionem, consules summum imperium statim deponere, quam id tenere punctum temporis contra religionem.*

C'est en ce sens que, en faisant coïncider les deux significations du terme, Cicéron comme César et Tite-Live peuvent parler d'une « religion du serment » (*religio iusiurandi*). De façon analogue, Pline, en se référant aux prescriptions à observer par rapport à certaines parties du corps, peut parler d'une *religio* qui est relative aux genoux, à la main droite, voire à l'urine (*Hominum genibus quaedam et religio inest observatione gentium*

[...] inest et aliis partibus quaedam religio sicut in dextera : osculis adversa adpetitur, in fide porrigitur, in N. H., XI, 250-251). Et quand dans un texte de caractère magique nous lisons la formule contre le mal de gorge : *hanc religionem evoco, educo, excanto de istis membris, medullis* (Mauss, p. 54), *religio* vaut ici autant pour « maléfice » que pour l'ensemble des formules rituelles à observer pour jeter un charme, et le rompre.

Lorsqu'on parle aujourd'hui de « religion romaine », on projette de façon anachronique un concept moderne sur le passé ; l'on ne doit donc pas oublier que, selon la très claire définition que met Cicéron dans la bouche du grand pontife, la *religio* n'était que l'ensemble des formules et des pratiques rituelles à observer dans le *ius divinum : cum omnis populi Romani religio in sacra* (les consécrations) *et in auspicia* (les auspices à consulter avant tout acte public important) *divisa sit* (*De nat. deorum*, III, 5). C'est pourquoi il pouvait en trouver l'étymologie (partagée du reste avec les chercheurs modernes) dans le verbe *relegere*, observer scrupuleusement : *qui autem omnia quae ad cultum deorum pertinerent diligenter retractarent et tamquam relegerent, sunt dicti religiosi ex relegendo (ibid.*, II, 72).

12. La proximité entre foi et serment n'a pas échappé aux chercheurs et est attestée par le fait qu'en grec *pistis* est synonyme de *horkos* dans des expressions du type : *pistin kai horka poieisthai* (prêter serment), *pista dounai kai lambanein* (échanger un serment). Chez Homère,

les serments sont par excellence *pista* (loyaux). Dans
le domaine latin, Ennius, dans un vers cité par Cicéron,
définit la *fides* comme « serment de Jupiter » (*ius iurandum Iovis*). Et il est significatif que soient attestées non
seulement des formules de serment telles que « par la *pistis*
des dieux », mais aussi « par sa propre *pistis* » – *kata tēs
heautōn pisteōs diomosamenoi* (Denys d'Halicarnasse,
XI, 54 – et que, même, la « *pistis* de chacun » (*idia hekastōi
pistis*) vaille comme *megistos horkos* [serment suprême]
(*ibid.*, II, 75, *cf.* Hirzel, p. 136).

Dumézil et Benveniste ont reconstruit, à partir de
données surtout linguistiques, les traits originaires de
cette très ancienne institution indo-européenne que les
Grecs appelaient *pistis* et les Romains *fides* (en sanskrit,
sraddha) : la « fidélité personnelle ». La « foi » est le crédit
dont on jouit auprès de quelqu'un en conséquence du fait
que nous nous sommes abandonnés en toute confiance à
lui, nous liant dans un rapport de fidélité. Pour cette raison,
la foi est autant la confiance que nous accordons à
quelqu'un – la foi que l'on accorde – que la confiance dont
nous jouissons auprès de quelqu'un – la foi que l'on
inspire, le crédit que l'on possède. Dans cette perspective,
le vieux problème des deux significations symétriques du
terme « foi », actif et passif, objectif et subjectif, « garantie
donnée » et « confiance inspirée », sur lequel Eduard
Fränkel avait attiré l'attention dans un article célèbre,
s'explique sans difficulté :

> Celui qui détient la *fides* mise en lui par un homme tient
> cet homme à sa merci. C'est pourquoi *fides* devient

presque synonyme de *dicio* et *potestas*. Sous leur forme primitive, ces relations entraînaient une certaine réciprocité : mettre sa *fides* en quelqu'un procurait en retour sa garantie et son appui. Mais cela même souligne l'inégalité des conditions. C'est donc une autorité qui s'exerce en même temps qu'une protection sur celui qui s'y soumet, en échange et dans la mesure de sa soumission (Benveniste [2], 2, p. 118-119).

On peut dès lors comprendre toute la force du lien qui unit les deux termes latins *fides* et *credere* et qui devait prendre tant d'importance en milieu chrétien. Meillet avait montré que l'ancien substantif verbal **kred* avait été remplacé dans l'usage par *fides*, qui exprimait une notion similaire. En effet, à l'origine, *credere* signifiait « donner le **kred* », placer sa foi en quelqu'un dont on attend la protection et se lier ainsi avec lui dans la foi (souvent en se serrant la main droite : *dextrae dextras iungentes fidem obstrinximus* – Tite-Live, 23, 9, 3).

Sans se borner à régler les rapports personnels, la *fides* remplissait une fonction importante dans le droit public international, notamment dans la relation particulière qui s'instaurait grâce à elle entre les cités et les peuples. Lors d'une guerre, la cité ennemie pouvait être vaincue et détruite par la force (*kata kratos*) et ses habitants tués ou réduits en esclavage. Mais il pouvait aussi arriver que la cité la plus faible recoure à l'institution de la *deditio in fidem*, c'est-à-dire capitule en se livrant sans conditions à la *fides* de l'ennemi, obligeant ainsi le vainqueur à adopter une attitude plus bienveillante. Cette institution s'appelait *pistis* chez les Grecs (*dounai eis pistin, peithesthai*) et *fides* chez les Romains (*in fidem populi Romani venire* ou *se tradere*). Nous retrouvons ici la relation étroite entre foi et serment : les cités et les peuples qui se liaient mutuellement dans la *deditio in fidem* échangeaient des serments solennels pour sanctionner ce rapport.

La *fides* est donc un acte verbal, accompagné en règle générale d'un serment par lequel on s'abandonne totalement à la « confiance » d'un autre, en obtenant en échange sa protection. Dans tous les cas, l'objet de la *fides* est, comme dans le serment, la conformité entre les paroles et les actes des parties en présence.

Comme l'a montré Dumézil, à Rome, après qu'on eut peu à peu construit rétrospectivement l'histoire de la période monarchique et qu'elle eut pris une forme bien définie, la *fides*, qui tenait une place importante dans la vie publique et privée, fut divinisée et associée à la figure de Numa, à qui l'on attribuait la fondation des *sacra* et des *leges* (Dumézil [4], p. 184). *Fides* devint ainsi une déesse, pour laquelle vers 250 av. J.-C. on construisit un temple sur le Capitole ; mais, comme pour Deus Fidius, dont on se demande s'il était, à l'origine, distinct de Jupiter et qui comme Mithra, n'était qu'une sorte de « contrat personnifié » (*ibid.*), ici la religion ne précède pas le droit, mais, plutôt, le suit.

Exactement comme avec le serment, nous nous trouvons, avec la *fides*, dans une sphère où le problème de la relation génétique entre religion et droit est à reprendre sur de nouvelles bases. Il ne sert à rien, face à la complexité de ces institutions, qui semblent être à la fois morales,

religieuses, sociales et juridiques, de recourir, comme le
font certains, à la catégorie du pré-droit. (Imbert, p. 411).
Le fait que les institutions en question ne soient pas sanc-
tionnées juridiquement (impunité du parjure à l'époque la
plus ancienne, absence d'action légale pour le créditeur
qui s'est remis à la *fides* du débiteur), ne signifie pas qu'ils
doivent être davantage tenus pour religieux que pour
juridiques; cela signifie plutôt que la recherche a atteint
en eux une limite qui nous oblige à reconsidérer nos
définitions de ce qui est juridique et de ce qui est religieux.

א Un des lieux communs de la doctrine du serment est
que l'absence de sanction du serment à l'époque antique
est la preuve de son appartenance à la sphère religieuse,
dans la mesure où la punition du parjure aurait été laissée
aux dieux. Les chercheurs continuent à citer le *dictum* de
Tibère, *deorum iniurias dis curae* (Tacite, *Annales*, I, 73),
sans tenir compte du contexte juridico-politique d'où il
est extrait. Rubirius a été accusé devant Tibère d'«avoir
violé, par un parjure, le *numen* d'Auguste», (il s'agit donc
d'un type particulier de serment «par le génie de l'empereur», qui deviendra commun à l'époque impériale).
Le problème n'est pas de savoir si le parjure en général
est plus ou moins punissable, mais si, pour son parjure,
Rubirius doit être accusé de lèse-majesté. Tibère préfère
alors ne pas se servir d'un chef d'accusation dont, comme
nous l'apprend Tacite, il fera plus tard un usage féroce
et il affirme sarcastiquement que «de ce serment on doit
considérer qu'il n'a offensé que Jupiter : les offenses faites
aux dieux sont l'affaire des dieux [*deorum iniurias dis*

curae] ». Il ne s'agit aucunement, comme le prétend un commentateur étourdi, d'un « ancien principe du droit romain », mais du sarcasme d'un empereur connu pour la tiédeur de sa piété religieuse (*circa deos et religiones negligentior* – Suétone, *Tib.* 69). Preuve en est que l'autre cas où se trouve énoncé le même principe est nettement plus tardif et se réfère significativement au même problème de l'applicabilité du crime de lèse-majesté à un serment sur le *numen principis* (ici aussi la réponse de l'empereur est négative et, par un renvoi probable au *dictum* de Tibère, il est suggéré que *iusiurandi contempta religio satis deorum ultorem habet* – *Codex iuris* 4, 1, 2).

Il est inexact que l'on ne doive considérer comme juridiques que des dispositions pour lesquelles est prévue une sanction. Au contraire Ulpien affirme explicitement qu'on ne doit considérer comme *perfecta* que la loi pour laquelle n'est pas prévue de sanction, tandis que la présence d'une sanction constitue la loi comme *imperfecta* ou *minus quam perfecta* (*Liber sing. regularum*, prol. 1-2). Dans le même sens, l'impunité du mensonge dans de nombreux systèmes archaïques ne signifie pas que sa punition soit de la compétence des dieux. Il est possible, bien plutôt, que nous ayons ici à faire à une sphère du langage qui se tient en deçà du droit et de la religion et que le serment représente précisément le seuil par lequel le langage entre dans le droit et dans la *religio*.

Dans une monographie sur le serment en Grèce nous lisons :

En règle générale, on peut dire que jusqu'à la fin du
VIe siècle la punition divine du parjure était encore un
épouvantail efficace contre les violations du serment.
A partir du Ve siècle en revanche, l'individualisme et
le relativisme du mouvement sophistique se mirent à
miner l'antique notion de serment, au moins auprès
d'une certaine partie de la population, et la crainte des
dieux en cas de parjure commença à s'évanouir (Plescia,
p. 86).

En fait il s'agit là d'affirmations reflétant seulement
l'opinion de l'auteur, qui se base sur une mauvaise interprétation d'un passage de Platon (*Lois*, XII, 948b-d), à
l'évidence ironique, où Rhadamanthe, à qui l'on attribue
l'institution du procès avec serment, est loué pour avoir
compris « que les hommes d'alors croyaient vraiment que
les dieux existaient et ce avec raison car, à cette époque, ils
descendaient presque tous des dieux et, selon la tradition,
il était lui-même l'un d'entre eux ». L'ironie est encore
accentuée par le fait que Platon, fermement opposé à
l'usage du serment par les parties en cause dans les procès,
ajoute que Rhadamanthe « en faisant prêter serment aux
adversaires sur chaque point contesté, expédiait l'affaire
de manière rapide et sûre ». Aussi ironique et dépourvue
de toute nostalgie pour une prétendue dévotion antique est
la raison adoptée juste après pour le rejet du serment
des parties :

En revanche, quand une partie des hommes ne croit pas
du tout aux dieux et que d'autres estiment qu'ils ne se
soucient pas de nous, tandis que, selon les plus nombreux
et les plus mauvais, ils les aident en échange de petits

> sacrifices à gagner beaucoup d'argent et les libèrent de
> grandes peines, l'art de Rhadamanthe ne conviendrait
> pas du tout aux procès chez nos contemporains.

L'objection essentielle contre le serment des parties
est en réalité que, comme il est dit juste après, faire jurer
les parties dans un procès équivaut à contraindre
légalement au parjure :

> Il est vraiment terrible que l'on tienne pour certain que,
> dans une cité où ont lieu de nombreux procès, presque la
> moitié des citoyens sont des parjures (cf. *Lois*, X, 887a,
> l'ironie de Platon sur la tentative d'«établir par la
> loi l'existence des dieux [*nomothetountes ōs ontōn
> theōn*]»).

13. La *sacratio* est une autre institution à laquelle le
serment est étroitement lié. Tant les sources antiques que
la majeure partie des érudits s'accordent pour voir dans le
serment une forme de *sacratio* (ou de *devotio*, autre institution avec laquelle tend à se confondre la consécration).
Dans les deux cas un homme était rendu *sacer*, c'est-à-dire
consacré aux dieux et exclu du monde des humains
(volontairement comme dans la *devotio*, ou parce qu'il
avait commis un *maleficium* qui autorisait chacun à le
tuer). «On appelle *sacramentum* (un des deux termes
latins pour serment) – lit-on chez Festus 466, 2) – ce qu'on
accomplit en faisant intervenir la consécration du serment
[*iusiurandi sacratione interposita*]». «Le serment (*sacramentum*) – écrit Benveniste (Benveniste [2], 2 p. 168) –
implique la notion de rendre *sacer*. On associe au serment
la qualité de *sacré*, la plus redoutable qui puisse affecter

l'homme : le "serment" apparaît ici comme une opération consistant à se rendre *sacer* conditionnellement ». À propos du serment dans les procès, Pierre Noailles peut écrire dans la même perspective :

> Le plaideur lui-même s'est consacré, s'est rendu *sacer* par le serment (Noailles [1], p. 282).
> La situation du parjure – écrit Hirzel – n'était autre que celle du *sacer* romain, qui s'était voué aux Mânes et, comme tel [...] pouvait être exclu de toute communauté religieuse ou civile (Hirzel, p. 158).

En ce sens, le serment peut être vu comme une *devotio* :

> Dès qu'on formule le serment, on est par avance un être voué [...] car le serment est bien une *devotio* : comme on l'a vu, le *horkos* grec signifie qu'on se consacre par anticipation au pouvoir d'une divinité vengeresse en cas de transgression de la parole donnée (Benveniste, [2], 2, p. 243).

D'où l'importance, dans le serment, de la malédiction (*ara, imprecatio*), qui en accompagne constitutivement la formulation. Déjà, Plutarque, dans cette source précieuse pour la connaissance de l'antiquité latine que sont les *Quaestiones romanae*, nous apprend que « tous les serments se concluent sur une malédiction du parjure » (*eis kataran teleutai tēs epiorkias*, 44). Les spécialistes tendent même à considérer la malédiction comme l'essence du serment et à définir le serment comme une malédiction conditionnelle :

> La malédiction apparaît comme la part essentielle dans le serment et c'est pour cette raison que les serments

> d'imprécation, où cet aspect essentiel du serment se
> montrait sous sa forme la plus pure et la plus forte,
> passaient pour les plus puissants. La malédiction est ce
> qu'il y a d'essentiel et d'originaire (Hirzel, p. 138-139);
> jurer équivaut avant tout à maudire, et à se maudire si
> l'on dit le faux ou si l'on ne tient pas ce qu'on a promis »
> (Schrader, in Hirzel, p. 141).

Cependant Bickermann a observé que la malédiction
peut être absente (mais les exemples allégués ne se réfè-
rent pas à des sources grecques ou latines); d'autre part il a
noté qu'il peut y avoir des imprécations sans serment
(Bickermann, p. 220). L'opinion de Glotz, selon lequel la
malédiction accompagne nécessairement le serment, mais
ne s'identifie pas avec lui, paraît donc plus juste, et c'est en
ce sens que l'on doit entendre la recommandation, contenue dans des documents officiels, de « joindre l'imprécation au serment » (*tōi de horkōi tan aran inēmen* – Glotz,
p. 752). Il faut en outre préciser que le serment comporte
souvent aussi bien une expression de mauvais augure
que de bon augure et que, dans les formules les plus
solennelles, la malédiction suit une bénédiction :

> A ceux qui jurent loyalement et restent fidèles à leur
> serment, que les enfants donnent de la joie, que la terre
> accorde ses produits en abondance, que les troupeaux
> soient féconds […]. Qu'aux parjures ni la terre ne soit
> productive ni les troupeaux féconds; qu'ils périssent
> méchamment, les méchants, eux et leur race ! (*ibid.*).

La bénédiction peut faire défaut, mais en principe
la malédiction doit être présente (Hirzel, p. 138). C'est la
règle chez Homère, où la malédiction s'accompagne

de gestes et de rites éloquents; ainsi, dans la scène où Troyens et Achéens échangent des serments avant le duel entre Pâris et Ménélas, l'Atride répand sur le sol le vin contenu dans un cratère et profère la formule :

> Ceux qui les premiers transgresseront les serments, que leur cervelle s'écoule à terre comme ce vin (*Iliade*, III, 299-300).

Le serment semble donc résulter de la conjonction de trois éléments : une affirmation, la prise à témoin des dieux, et une malédiction jetée sur le parjure. Dans le même sens, on peut dire que le serment est une institution qui unit un élément de type *pistis* – la confiance réciproque dans les paroles proférées – et un élément de type *sacratio-devotio* (la malédiction). Mais, en réalité, les trois institutions sont dans la terminologie et dans les faits si étroitement imbriquées (comme dans le terme *sacramentum*, à la fois serment et *sacratio*), que les chercheurs, sans pour autant tirer toutes les conséquences de cette proximité, tendent à les traiter comme une institution unique. Il sera bon de ne pas oublier que les séries *pistis-horkos-ara* ou *fides-sacramentum* renvoient à une institution unique, assurément archaïque, à la fois juridique et religieuse (ou préjuridique et préreligieuse) dont nous devons chercher à comprendre le sens et la fonction. Mais cela signifie que le serment semble perdre, dans cette perspective, son identité propre pour se confondre avec la *fides* et la malédiction, deux institutions dont la nature – surtout pour ce qui regarde la malédiction – n'est pas du tout claire et, en tout cas, a reçu relativement peu d'attention de la part des chercheurs. Une analyse du serment devra donc avant tout se confronter avec le problème de sa relation avec la malédiction.

א La description de la scène du serment dans le *Critias* (119d-120d) montre très bien la co-appartenance de *pistis*, *horkos* et *ara*. La prestation de serment est ici définie comme une façon de « se donner des gages de foi » et d'autre part c'est le serment même qui formule de façon votive (*epeuchomenos*) de « grandes malédictions » :

> Quand les rois s'apprêtaient à rendre la justice, ils se donnaient les uns aux autres des gages de foi de la manière suivante [*pisteis allēlois toiasde edidosan*] […]. Sur la colonne, outre les lois, un serment était gravé qui proférait de façon votive de grandes malédictions contre ceux qui reniaient leur foi [*horkos ēn megalas aras epeuchomenos tois apeithousin*] […] Puisant ensuite dans le cratère avec des coupes d'or, ils faisaient une libation sur le feu en jurant qu'il jugeraient conformément aux lois inscrites sur la colonne et puniraient le premier qui les violerait.

14. Sitôt qu'on examine d'un peu plus près les éléments constitutifs du serment, l'on se trouve confronté à des incertitudes et des confusions terminologiques pour le moins surprenantes. Une des caractéristiques du serment sur laquelle tous les auteurs, anciens et modernes, de Cicéron à Glotz et d'Augustin à Benveniste semblent s'accorder, est l'appel à témoin des dieux. Dans son commentaire au *De interpretatione* d'Aristote (4a), Ammonius distingue ainsi le serment de l'assertion

(*apophansis*) par « le témoignage du dieu » (*martyria tou theou*). Selon cette doctrine maintes fois répétée, le serment est une affirmation à laquelle s'ajoute le témoignage divin. Les formules impératives *martys estō* (Pindare, *Pythiques* IV, 167 *sq.* : *karteros horkos ammin martys estō Zeus*, « que Zeus témoin soit pour nous un puissant serment », ou *istō Zeus* (*Iliade*, 7, 411 : *horkia de Zeus istō*, « que Zeus voie les serments »), attestées dans les sources antiques, semblent ne pas laisser de doute à ce propos.

Mais en est-il vraiment ainsi ? On a observé que le témoignage dont il s'agit ici diffère essentiellement du témoignage au sens propre, comme celui des témoins dans un procès, parce qu'il ne saurait être en aucune manière contesté ou vérifié (Hirzel, p. 25). Non seulement le nombre des divinités invoquées tend à augmenter bien au-delà du nombre des « dieux légaux » (*nominoi theoi* ou *theoi horkioi*) jusqu'à en compter huit, seize, et enfin « tous les dieux » (comme dans le serment d'Hippocrate), mais parfois on cite à témoins des fleuves, des arbres voire des objets inanimés (le « lit légitime », *lechos kouridion*, dans *Iliade*, 15, 39). Ce qui est décisif, dans tous les cas, c'est que, dans le serment, il ne s'agit nullement d'un témoignage au sens technique, car, à la différence de tout autre témoignage concevable, il coïncide avec l'invocation, se réalise en elle et s'y réduit. Les choses ne changent pas si, comme certaines sources le laissent supposer, on entend celui des dieux non comme un témoignage, mais comme la prestation d'une garantie. Comme le témoignage, aucune caution ne peut non plus techniquement être donnée ici, ni au moment du serment ni après : elle est supposée déjà réalisée avec la formulation du serment (Hirzel, p. 27).

Le serment est donc un acte verbal qui réalise un témoignage – ou donne une garantie – indépendamment de sa mise en œuvre. La formule de Pindare citée plus haut prend ici toute sa prégnance : *krateros horkos martys estō Zeus*, « que Zeus témoin soit un puissant serment » : Zeus n'est pas témoin *du* serment, mais serment, témoin et dieu coïncident dans l'énoncé de la formule. Comme chez Philon, le serment est un *logos* qui se réalise nécessairement, et tel est, précisément, le *logos* de Dieu. Le témoignage est donné par le langage même et le dieu nomme une puissance implicite dans l'acte de parole lui-même.

Le témoignage qui est en question dans le serment doit donc être entendu dans un sens qui n'a guère à voir avec ce que nous mettons d'habitude sous ce terme. Il ne concerne pas tant la vérification d'un fait ou d'un événement, que, plutôt, le pouvoir signifiant même du langage. Quand nous lisons, à propos du serment proposé par Hector à Achille (Iliade, 22, 254-255), que « les dieux seront les meilleurs témoins [*martyroi*] et surveillants de ce qui tient ensemble [*episkopoi harmoniaōn*] », l'« assemblage » (tel est le sens de terme *harmonia*, issu du vocabulaire de la menuiserie), dont les dieux sont témoins et surveillants ne peut être que celui qui unit les mots et les choses, c'est-à-dire le *logos* comme tel.

א Une glose d'Hésychius (*horkoi : desmoi sphragi-dos*) définit les serments comme « liens du sceau » (ou marquant d'un sceau, si l'on préfère la leçon *sphragideis*). Dans le même sens, dans le fragment 115 d'Empédocle on parle d'un « décret éternel des dieux, scellé par de grands serments » (*plateessi katesphrēgismenon horkois*). Le lien dont il est ici question ne peut être que celui qui lie le locuteur à sa parole et, en même temps, les mots à la réalité. Hirzel fait observer avec raison que le témoignage divin est invoqué non seulement pour le serment promissif, mais aussi pour le serment assertif, dans lequel il semble n'avoir aucun sens, à moins que ne soit en question ici le sens lui-même, la force signifiante même du langage (Hirzel, p. 26).

15. Si nous laissons le problème de l'intervention des dieux comme témoins pour nous tourner vers celui de leur prestation dans la malédiction, la situation n'est pas moins confuse. Que la malédiction remplisse dans la *polis* une fonction importante est prouvé par le fait qu'en parfaite analogie à la thèse de Lycurgue sur le serment, Démosthène mentionne (20, 107), au risque de nous scandaliser, les malédictions (*arai*) à côté du peuple et des lois (*nomoi*) parmi les gardiens de la constitution (*politeia*). Dans le même sens, Cicéron, évoquant les liens entre les hommes qu'il est impossible d'anéantir, nomme à la fois les malédictions et la *fides* (*Verr.* V, 104 ; *ubi fides, ubi exsecrationes, ubi dexterae complexusque ?*). Mais qu'est-ce qu'une malédiction et quelle peut être ici sa

fonction? Déjà, du point de vue terminologique la
situation n'a rien de clair. Les termes qui la désignent,
en grec comme en latin, semblent avoir des significations
opposées : *ara* (et le verbe correspondant *epeuchomai*)
signifient, selon les lexiques, aussi bien « prière » (et
« prier ») qu'« imprécation », « malédiction » (et « lancer
des imprécations », « maudire »). On peut en dire de
même pour les termes latins *imprecor* et *imprecatio*,
qui renvoient aussi bien à « augurer » qu'à « maudire »
(*devoveo* également, qui signifie « consacrer », dans le cas
d'une *devotio* aux dieux infernaux équivaut à « maudire »
au sens technique). Tout le vocabulaire de la *sacratio* est,
comme on sait, marqué par cette ambiguïté, dont nous
avons tenté ailleurs de reconstruire les raisons.

Encore une fois les interprétations de la malédiction
répètent sans critique le paradigme du caractère primordial du fait magico-religieux et se bornent à renvoyer à
un « pouvoir numineux » défini sans plus de précisions
(*cf.* l'article *Fluch* dans le *Reallexicon für Antike und
Christentum*, p. 1161) ou à évoquer la religion comme
« aide pratique pour l'efficacité du droit » (Ziebarth, p 57).
Ainsi Louis Gernet, dans son article *Le droit pénal de la
Grèce ancienne* peut-il écrire que :

> la malédiction a joué un grand rôle dans les débuts du
> droit : elle sanctionne à l'occasion les lois, elle supplée
> la loi même comme nous le voyons dans un catalogue
> d'imprécations publiques de Téos, au Ve siècle, où elle
> est formulée contre toute une série de délits intéressant
> la sécurité de l'État et les subsistances mêmes de la cité.
> Naturellement c'est dans la vie religieuse et dans la

pratique des sanctuaires que l'usage s'en est surtout
perpétué ; mais il ne peut que s'agir là que d'une tradition extrêmement ancienne. La malédiction suppose la
collaboration des forces religieuses : celles-ci (qui ne
sont même pas représentées, dans le principe, sous
forme personnelle) sont en quelque sorte condensées
par la vertu incantatoire du rite oral et agissent sur le
coupable et ses entours en tarissant pour eux la source de
toute vie : l'imprécation exerce son effet de mort jusque
sur le sol, sur ce qui en naît et s'en nourrit. En même
temps et par le fait même qu'elle est une *devotio*, elle est
une exclusion de la communauté religieuse constituée
par la société : elle se manifeste par une *interdiction* au
sens plein, dans son application concrète, elle est une
mise hors la loi (Gernet [2], p. 11-12).

Seul le prestige du paradigme du caractère originaire
du fait magico-religieux peut expliquer qu'un chercheur
aussi prudent que Gernet reprenne les vieux arguments
de Ziebarth et puisse se contenter d'une interprétation si
manifestement insuffisante. Non seulement elle donne
pour certains de prétendus présupposés mythiques comme
la « vertu incantatoire du rite oral », les « forces religieuses » et leurs « effets létaux » – et ce en contradiction
évidente avec le fait que la malédiction soit pleinement
attestée dans le serment à l'époque historique –, mais elle
n'indique pas non plus clairement si la malédiction est une
institution en soi ou si au contraire elle s'identifie avec la
devotio, et, en dernière instance, avec le serment lui-
même, qui en constituerait une dérivation.

Il sera donc opportun de mettre, au moins provisoirement, entre parenthèses les définitions traditionnelles qui

voient dans la malédiction une invocation adressée aux
dieux afin que, pour punir le parjure, ils se transforment de
témoins en vengeurs, et de nous demander plutôt ce qui est
effectivement en question en elle, autrement dit quelle
est la fonction immanente que la malédiction remplit
dans le serment. Selon l'opinion commune, les dieux (ou,
pour être plus précis, leur noms) sont mentionnés deux
fois dans le serment : une première fois comme témoins du
serment, une seconde, dans la malédiction, en tant qu'ils
doivent châtier le parjure. Dans les deux cas, si nous
laissons de côté les définitions mythiques, qui cherchent
à l'expliquer en dehors du langage, il s'agit, à y bien
regarder, de la relation entre les paroles et les faits (ou les
actes) qui définit le serment. Dans un cas le nom du
dieu exprime la force positive du langage, c'est-à-dire la
relation juste entre les mots et les choses (« que puissant
serment soit Zeus témoin »), dans le second, une faiblesse
du *logos*, c'est-à-dire la rupture de cette relation. À
cette double possibilité correspond la double forme de
la malédiction qui, nous l'avons vu, se présente aussi
d'ordinaire comme une bénédiction :

> Fidèle à mon serment [*euorkounti*] à moi beaucoup de
> biens ; parjure [*epiorkounti*], des maux au lieu de biens !
> (Glotz, p. 752 ; Faraone, p. 139).

Le nom du dieu, qui signifie et garantit l'« assemblage » entre les mots et les choses, se transforme, si celui-
ci se défait, en malédiction. Dans tous les cas, ce qui est
essentiel, c'est le caractère originaire commun de la

bénédiction et de la malédiction, co-présents de façon constitutive dans le serment.

א Il suffit de lire l'article *Fluch* du *Reallexicon für Antike und Christentum*, texte pourtant détaillé qui tente de pallier le peu de place consacré au problème dans la *Realencyclopedie* de Pauly-Wissowa et dans le *Dictionnaire des antiquités grecques et romaines* de Daremberg et Saglio où la malédiction n'est traitée qu'en passant dans l'article sur la *devotio* signé par Bouché-Leclercq, pour se rendre compte que la littérature critique n'a guère fait de progrès par rapport à l'article cité d'Erich Ziebarth ou à celui de George Hendrickson (1926). L'étude récente de Christopher Faraone se concentre sur la différence entre des serments qui contiennent autant de bénédictions que de malédictions (destinés en général à la sphère privée) et des serments accompagnés seulement de malédictions (réservés en général à la sphère publique). Dans chaque cas, au-delà de l'explication traditionnelle, qui voit dans la malédiction un recours au pouvoir religieux pour garantir l'efficacité du droit, le rapport serment-malédiction n'est toujours pas questionné.

16. En s'appuyant sur une vaste documentation, Ziebarth a prouvé la consubstantialité de la malédiction à la législation grecque. Sa fonction était si essentielle que les sources parlent d'une véritable « malédiction politique » scellant à chaque fois l'efficacité de la loi. Dans le préambule aux lois de Charondas on lit ceci :

> Il est nécessaire d'observer [*emmenein*] ce qui a été
> proclamé et celui qui le transgresse est soumis à la
> malédiction politique [*politikē ara*] (*ibid.*, p. 60).

De même, Dion de Pruse (80. 8) nous informe que
les Athéniens avaient placé (*ethento*, au sens fort du
terme, comme dans *nomon tithenai*, donner une loi)
dans les lois de Solon une malédiction qui s'étendait
jusqu'aux enfants et à leur descendance (*paides kai
genos*). Ziebarth a retrouvé la présence de la malédiction
« politique » dans les dispositifs légaux de toutes les
cités grecques, d'Athènes à Sparte, de Lesbos à Téos et à
Chios, et jusqu'aux colonies siciliennes (Tauromène).
Elle concerne aussi des questions qui n'ont rien de
« religieux » comme, à Athènes, à propos de l'interdiction
d'exporter des produits agricoles autres que l'huile
(Ziebarth, p. 64). En outre, avant toute assemblée, le crieur
public (*kēryx*) prononçait solennellement les malédictions
contre celui qui trahirait le peuple et violerait ses
décisions. « Cela signifie, commente Ziebarth, que tout
l'ordre constitué, selon lequel le *demos* est souverain, est
garanti par une *ara* » (*ibid.*, p. 61). Ce n'est pas seulement
le serment, mais aussi la malédiction – en ce sens dite avec
raison « politique » – qui fonctionne comme un véritable
« sacrement du pouvoir ».

Dans cette perspective, il est possible, comme William
Fowler en avait déjà eu l'intuition (Fowler, p. 17), de
considérer la formule *sacer esto*, qui apparaît dans le
dispositif des Douze tables, comme une malédiction.
Cependant, il ne s'agit pas, comme le soutient Fowler, de

la production d'un tabou, mais de la sanction qui définit la structure même de la loi, son mode de relation à la réalité (*talio esto/sacer esto*) (Agamben, p. 31 [trad. fr. p. 34]). Sous cet éclairage, la figure énigmatique de l'*homo sacer*, sur laquelle on continue encore à débattre, et pas seulement chez les historiens du droit, apparaît moins contradictoire. La *sacratio* qui l'a frappé – et qui permet de le tuer tout en l'excluant de la sphère du sacrifice – n'est qu'une extension (peut-être opérée pour la première fois par la plèbe pour la protection du tribun) de la malédiction par lequel la loi définit son domaine. La malédiction « politique » délimite donc le *locus* où, dans une phase ultérieure, se constituera le droit pénal et c'est justement cette généalogie singulière qui peut rendre en quelque sorte raison de l'incroyable irrationalité qui caractérise l'histoire de la peine.

א C'est dans la perspective de cette consubstantialité technique entre loi et malédiction (présente aussi dans le judaïsme – cf. *Deutéronome*, 21, 23 – et bien familière à un Juif qui vivait en milieu hellénique) que l'on doit entendre les passages de Paul où il parle d'une « malédiction de la loi » (*katara tou nomou* – *Epître aux Galates*, 3, 10-13). Ceux qui veulent être sauvés par leurs œuvres (l'exécution des préceptes) – tel est l'argument de Paul – « se tiennent sous la malédiction [*hypo katarai eisin*], car il est écrit : maudit soit qui n'observe pas [*emmenei*, le même verbe que l'on trouve dans les lois de Charondas] les préceptes écrits dans le livre de la Loi ». En se soumettant lui-même au jugement et à la malédiction de la loi, le Christ « nous a

rachetés de cette malédiction de la loi, devenu lui-même
malédiction, car il est écrit : maudit soit quiconque pend au
gibet ». L'argument paulinien – et donc le sens même de la
rédemption – ne saurait être compris que si on le situe dans
le contexte de l'appartenance réciproque, juridique et pas
seulement religieuse, de la malédiction et de la loi.

17. Comment comprendre cette double valeur (de
béné-diction et de malé-diction) des noms divins dans le
serment et dans le parjure ? Il existe une pratique, depuis
toujours en si étroite proximité avec le parjure et la malédiction qu'elle est souvent confondue avec eux, et qui
nous fournira peut-être la clef pour les interpréter correctement : le juron. Dans son étude sur *La Blasphémie
et l'euphémie* (qui était à l'origine une conférence tenue
à l'occasion d'un colloque consacré significativement
au nom de Dieu et à l'analyse du langage théologique),
Benveniste se réfère souvent à la proximité entre le juron,
le parjure et le serment (évidente en français dans la
paronymie entre *juron* et *jurer*) :

> Hors du culte, la société exige que le nom de Dieu soit
> invoqué dans une circonstance solennelle qui est le
> serment. Car le serment est un *sacramentum*, un appel
> au dieu, témoin suprême de vérité, et une dévotion au
> châtiment divin en cas de mensonge ou de parjure. C'est
> le plus grave engagement que l'homme puisse contrac-
> ter et le plus grave manquement qu'il puisse commettre,
> car le parjure relève non de la justice des hommes, mais
> de la sanction divine. Aussi le nom du dieu doit figurer
> dans la formule du serment. Dans la blasphémie aussi le

nom de Dieu doit apparaître, car la blasphémie, comme le serment, prend Dieu à témoin. Le juron est bien un jurement, mais un jurement d'outrage. (Benveniste [3], p. 256).

En outre Benveniste souligne la nature interjective propre au juron qui, comme tel, ne communique aucun message :

> La formule prononcée en blasphémie ne se réfère à aucune situation objective en particulier ; le même juron est proféré en des circonstances toutes différentes. Il n'exprime que l'intensité d'une réaction à ces circonstances. Il ne se réfère pas non plus au partenaire ni à une tierce personne. Il ne transmet aucun message, il n'ouvre pas de dialogue, il ne suscite pas de réponse, la présence d'un interlocuteur n'est même pas nécessaire (*ibid.*).

Il est d'autant plus surprenant que pour expliquer le juron le linguiste mette de côté l'analyse du langage et, recourant, ce qui est rare chez lui, à la tradition hébraïque, renvoie à l'« interdiction biblique de prononcer le nom de Dieu » (*ibid.*, p. 254). Certes, le juron est un acte de parole, mais il s'agit précisément, de « remplacer le nom de Dieu par son outrage » (*ibid.*, p. 255). En effet l'interdiction n'a pas pour objet un contenu sémantique, mais le simple énoncé du nom, c'est-à-dire une « pure articulation vocale » (*ibid.*). Immédiatement après, une citation de Freud sert à introduire une interprétation du juron en termes psychologiques :

> L'interdit du nom de Dieu réfrène un des désirs les plus intenses de l'homme : celui de profaner le sacré. Par lui-

> même le sacré inspire des conduites ambivalentes, on le
> sait. La tradition religieuse n'a voulu retenir que le sacré
> divin et exclure le sacré maudit. La blasphémie, à sa
> manière, veut rétablir cette totalité en profanant le nom
> même de Dieu. On blasphème le *nom* de Dieu, car tout
> ce qu'on possède de Dieu est son *nom* (*ibid.*).

De la part d'un linguiste habitué à travailler
exclusivement sur le patrimoine des langues indo-européennes, le recours à une donnée biblique est pour le
moins singulier (comme l'est aussi l'explication psycho-
logique d'un fait linguistique). Car s'il est vrai que dans la
tradition judéo-chrétienne le juron consiste à nommer
en vain le nom de Dieu (comme dans les formes modernes
du type : nom de Dieu ! sacré nom de Dieu ! *per Dio!*),
l'énoncé blasphématoire du nom de Dieu est tout aussi
courant dans les langues classiques, si familières au
linguiste, sous des formes exclamatives du type : *edepol*,
par Pollux, *ecastor*, par Castor (en grec : *Nai ton Kastora*),
edi medi, par Dius Fidius, *mehercules*, *mehercle* par
Hercule. Il est significatif que dans tous ces cas la formule
de l'imprécation soit identique à celle du serment : en grec
les particules *nai* et *ma* introduisent le serment ; en latin
edepol et *ecastor* sont aussi des formules de serment,
exactement comme l'italien « per Dio » (Festus [112, 10]
est d'ailleurs parfaitement conscient que ces exclamations découlent du serment : *Mecastor et mehercules ius
iurandum erat, quasi diceretur : ita me Castor, ita me
Hercules, ut subaudiatur iuvet*).

Le juron nous montre donc un phénomène parfaitement symétrique au serment et, pour le comprendre, il

n'est aucunement besoin de recourir à l'interdit biblique et à l'ambiguïté du sacré. *Le juron est un serment, où le nom de Dieu est extrait du contexte assertif ou promissif et est proféré en soi, à vide, indépendamment de tout contenu sémantique.* Le nom, qui dans le serment exprimait et garantissait la relation entre les mots et les choses, et qui définit la véridicité et la force du *logos*, exprime dans le juron la rupture de ce lien et la vanité du langage humain. Le nom de Dieu, isolé et prononcé « en vain », correspond symétriquement au parjure qui sépare les mots des choses ; serment et juron, comme béné-diction et malé-diction, sont co-originairement implicites dans le même événement de langage.

א Dans le judaïsme et le christianisme, le juron est lié au commandement de « ne pas invoquer le nom de Dieu en vain » (qui, in *Exode*, 20, suit de façon significative le commandement qui interdit de se donner des idoles). La traduction des Septante (*ou lēmpsēi to onoma kyriou tou theou sou epi mataiōi*, « ne prends pas le nom de ton Seigneur en vain ») souligne l'idée de la vacuité et de la vanité (*cf.* le début de l'*Ecclésiaste : mataiotēs mataiotē-tōn*, « vanité des vanités »). La forme originelle du juron n'est donc pas l'injure faite à Dieu, mais le vain énoncé de son nom (cf. *mataioomai*, « *je délire, je parle à tort et à travers* »). Il en va manifestement ainsi dans les euphémismes, employés pour corriger la prononciation blasphématoire du nom en en changeant une lettre ou en le remplaçant par un terme semblable privé de sens (ainsi en français « par Dieu » devient « pardi » ou « parbleu » ;

cf. l'italien *diamine* etc.). Contrairement à l'opinion commune, dans le paganisme aussi il existe, bien que pour des raisons différentes, un interdit sur le fait de prononcer le nom des dieux, interdit qui a sa forme extrême dans la coutume de garder soigneusement caché le véritable nom du dieu protecteur de la cité pour en éviter l'*evocatio* (cf. *infra*, chap. 18). Platon nous apprend ainsi que les Grecs préféraient appeler Hadès par le nom de Pluton « par peur de son nom [*phoboumenoi to onoma*] » (*Cratyle*, 403a).

À mesure que se perd la conscience de l'efficacité de la prononciation du nom divin, cette forme originaire de blasphème qui consiste à le proférer à vide passe au second plan par rapport à l'énoncé d'injures ou de faussetés sur Dieu. De *male dicere de deo*, le blasphème devient ainsi *mala dicere de deo*. Chez saint Augustin, qui traite significativement du blasphème dans ses ouvrages sur le mensonge, l'évolution est déjà terminée. Si la proximité originelle avec le serment et le parjure est encore présente, le blasphème se définit alors comme le fait d'affirmer des choses fausses à propos Dieu : *peius est blasphemare quam perierare, quoniam perierando falsae rei adhibetur testis Deus, blasphemando autem de ipso Deo falsa dicuntur* (*Contra mendacium* XIX, 39); encore plus clairement : *Itaque iam vulgo blasphemia non accipitur, nisi mala verba de Deo dicere* (*De mor.*, *Manich.*, XI, 20).

On comprend dès lors l'embarras des dictionnaires de théologie modernes quand ils se trouvent confrontés à la forme originelle du blasphème, qui apparaît maintenant comme une faute somme toute vénielle :

> Le plus suspect de ces jurons, l'expression française "s… n… de D…", est considéré par plusieurs moralistes comme un vrai blasphème, et par conséquent comme gravement coupable, soit à cause du sens injurieux qu'elle a ou du moins qu'elle paraît avoir, soit à cause de l'horreur qu'elle inspire à toutes les consciences un peu délicates […]. D'autres, observant que le sens obvie des mots est seulement équivoque, disent que l'intention seule peut transformer en blasphème cette manière de parler » (*Dictionnaire de théologie catholique*, article *Blasphème*).

C'est dans ce contexte qu'il faut placer la défense évangélique du serment *in Matthieu* 5, 33-37 (*cf.* aussi *Jacques* 5, 12). Ce qui est ici essentiel, c'est que Jésus oppose au serment un logos qui a la forme *nai nai, ou ou*, que l'on traduit d'ordinaire par *oui, oui, non, non* (*estō de ho logos hymōn nai nai, ou ou*). L'expression prend tout son sens si l'on se rappelle que la formule grecque pour le serment était *nai dia* (et, à la forme négative, *ou ma dia*). En extrayant de la formule la particule *nai* et en supprimant le nom sacré qui la suivait, Jésus oppose une partie du serment au tout. Il s'agit donc d'un geste symétriquement opposé à celui du blasphème qui, à l'inverse, extrait le nom de Dieu du contexte du serment.

18. On comprend donc plus facilement, sur ces bases, la fonction de l'imprécation dans le serment et, en même temps, l'étroite relation qui la lie au blasphème. Ce que

sanctionne la malédiction, c'est la disparition de la
correspondance entre les mots et les choses qui est en jeu
dans le serment. Si l'on rompt le lien qui unit le langage et
le monde, le nom de Dieu qui exprimait et garantissait
cette connexion bien-disante, devient le nom de la malédiction, c'est-à-dire d'un mot qui a brisé sa relation
véridique avec les choses. Dans la sphère du mythe, cela
signifie que la malé-diction retourne contre le parjure la
force maléfique même que son abus du langage a libérée.
Le nom de Dieu, délivré de tout lien signifiant, se fait
juron, parole vaine et insensée, qui par ce divorce d'avec le
signifié devient disponible à des usages impropres et
maléfiques. Cela explique pourquoi les papyrus magiques
ne sont souvent rien d'autre que des listes de noms divins
devenus incompréhensibles : dans la magie, les noms
des dieux prononcés à vide, notamment s'ils sont barbares
et inintelligibles, deviennent les agents de l'opération
magique. La magie est le nom de Dieu – c'est-à-dire le
pouvoir signifiant du *logos* – vidé de son sens et réduit,
comme dans les formules magiques connues sous le nom
d'*Ephesia Grammata*, à un *abracadabra*. C'est pourquoi
« la magie a parlé sanscrit dans l'Inde des pracrits, égyptien
et hébreu dans le monde grec, grec dans la monde latin, et
latin chez nous. Partout elle recherche l'archaïsme, les
termes étranges, incompréhensibles » (Mauss, p. 51).

C'est du serment – ou mieux du parjure – que sont nés
la magie et les enchantements : la formule de la vérité, en
se brisant, se mue en malédiction efficace, le nom de Dieu,
séparé du serment et de sa relation aux choses, se trans-

forme en murmure satanique. L'opinion commune qui fait venir le serment de la sphère magico-religieuse doit être ici renversée point par point. Le serment nous présente plutôt, sous la forme d'une unité encore indivise, ce que nous sommes habitués à appeler magie, religion et droit, et qui sont issus de lui comme autant de ses fractions.

Si celui qui s'était risqué dans l'acte de parole savait qu'il était de ce fait exposé de façon co-originaire à la vérité comme au mensonge, à la béné-diction comme à la malé-diction, la *gravis religio* (Lucrèce, I, 63) et le droit naissent comme tentative d'assurer la bonne foi, en séparant et en technicisant en institutions spécifiques la bénédiction et la *sacratio*, le serment et le parjure. La malédiction devient alors quelque chose qui s'ajoute au serment pour garantir ce qui au début n'était confié qu'à la *fides* dans la parole, et le serment peut ainsi être présenté, dans les vers d'Hésiode que nous avons cités plus haut, comme une invention pour punir le parjure. Le serment n'est pas une malédiction conditionnelle : au contraire la malédiction et son *pendant* symétrique qu'est la béné-diction naissent, comme institutions spécifiques, de la scission de l'expérience de la parole qui est en question en lui. La glose de Servius à l'*Énéide*, II, 154 (*exsecratio autem est adversorum deprecatio, ius iurandum vero optare prospera*) montre clairement la distinction entre malédiction et serment ainsi que leur constitution comme les deux épiphénomènes symétriques d'une même expérience de langage. C'est seulement si nous parvenons à

* En français dans le texte.

comprendre la nature et la valeur pour ainsi dire anthropogénétique de cette expérience (que Thalès, selon le témoignage d'Aristote tenait pour « la chose la plus ancienne »
et « la plus vénérable ») qu'il nous sera peut-être possible
de placer dans un nouvel éclairage la relation entre ces
restes historiques que magie, religion et droit nous
présentent comme divisés.

א On peut reprendre dans cette perspective le problème du sens étymologique du terme *epiorkos*, qui a donné
tant de fil à retordre aux chercheurs. Luther (et Benveniste
dans un premier temps) interprètent ce terme comme le
fait d'être soumis à un *horkos* (dans ce cas le serment
devient synonyme de malédiction, *cf.* Loraux, p. 126).
En revanche, Leumann (et Benveniste dans un second
temps), interprète le terme comme le fait d'ajouter (*epi*) un
serment (*horkos*) à une parole ou à une promesse que l'on
sait être fausse. En développant cette dernière hypothèse
on pourrait voir dans l'*epiorkos* un serment ajouté au
serment, autrement dit la malédiction qui frappe celui qui
transgresse la *fides*. En ce sens, toute parole qui s'ajoute à
la déclaration initiale est une malé-diction, implique un
parjure. Tel est le sens de la prescription évangélique de
s'en tenir au *nai* et à l'*ou* : le *oui* et le *non* sont les seules
choses que l'on peut ajouter lorsqu'on s'en remet à la
parole donnée.

19. C'est dans cette perspective que nous devons
interroger le sens et la fonction originaire du nom du dieu
dans le serment et, plus généralement la centralité même

des noms divins dans les dispositifs que nous sommes habitués à appeler religieux. Le grand philologue – et, à sa manière, théologien – Hermann Usener a consacré une monographie au problème de la genèse des noms divins et il est significatif que depuis la date de cette publication (1896) nous n'ayons pas eu de contributions aussi pertinentes sur ce sujet. Considérons la reconstruction désormais célèbre de la formation des noms pour ces noyaux germinaux de la divinité qu'Usener appelle «dieux spéciaux» (*Sondergötter*). Il s'agit de divinités dont les sources littéraires et les sources artistiques ne nous disent rien et qui ne nous sont connues que par les citations des *indigitamenta*, les livres liturgiques des pontifes qui contenaient la liste des noms divins à prononcer dans les circonstances cultuelles appropriées. Les *Sondergötter* ne nous sont donc connus que par leur nom et, à en juger par le silence des sources, n'avaient d'existence que dans leur nom, chaque fois que le prêtre les invoquait rituellement (*indigitabat*). Une compétence étymologique élémentaire permet de restituer le sens de ces noms et le rôle des «dieux spéciaux» qu'ils dési-gnaient: Vervactor se réfère au premier défrichement de la jachère (*vervactum*); Reparator au second labour; Inpor-citor au dernier labour qui trace les *porcae*, c'est-à-dire les levées de terre entre chaque sillon; Occator au travail de la terre à la herse (*occa*); Subruncinator à l'arrachage des mauvaises herbes au sarcloir (*runco*); Messor à la moisson (*messis*); Sterculinius à l'épandage du fumier (*stercus*).

> Pour chaque activité ou situation qui pouvait être
> importante aux yeux des hommes de ce temps – écrit
> Usener – on créait et on nommait au moyen d'une
> marque verbale appropriée [*Wortprägung*] des dieux
> spéciaux : on divinisait ainsi des activités et des
> situations dans leur totalité, mais aussi des parties et des
> actes ou des moments singuliers de celles-ci. (p. 75).

Usener montre aussi que des divinités reçues dans la
mythologie, comme Proserpine ou Pomone, étaient à
l'origine des « divinités spéciales » qui désignaient respec-
tivement la germination des pousses (*prosero*) et la matu-
ration des fruits (*poma*) : tous les noms des dieux – et telle
est la thèse de l'auteur – seraient à l'origine des noms
d'actions ou d'événements momentanés, des *Sonder-*
götter qui, par un lent processus historico-linguistique,
perdent leur relation avec le vocabulaire vivant et,
devenant peu à peu inintelligibles, se transforment en
noms propres. Dès lors, quand il s'est lié de façon stable à
un nom propre, « le concept divin [*Gottesbegriff*] acquiert
la capacité de recevoir une forme personnelle par le mythe
et le culte, la poésie et l'art » (*ibid.*, p. 316).

Mais, comme on le voit bien avec les *Sondergötter*,
cela signifie que, dans son noyau d'origine, le dieu qui
préside à l'activité ou la situation singulières n'est autre
que le nom même de cette activité ou de cette situation. Ce
qui est divinisé dans le *Sondergott*, c'est donc l'événement
même du nom ; la dénomination même, qui isole et rend
reconnaissable un geste, un acte, une chose, qui crée un
« dieu spécial », est une « divinité momentanée » (*Augen-*
blicksgott). Le *nomen* est immédiatement *numen* et le

numen immédiatement *nomen*. Nous avons ici quelque chose comme le fondement ou le noyau originaire de cette fonction de témoignage et de garantie du langage que, selon l'interprétation traditionnelle, le dieu en vient à remplir dans le serment. Comme le *Sondergott*, le dieu invoqué dans le serment n'est pas à proprement parler le témoin de l'assertion ou de l'imprécation : il représente, il *est* l'événement même de langage où les mots et les choses se lient indissolublement. Toute nomination, tout acte de parole est en ce sens un serment, où le *logos* (le locuteur dans le *logos*) s'engage à tenir sa parole, jure sur sa véridicité, sur la correspondance entre les mots et les choses qui se réalise en lui. Et le nom du dieu n'est que le sceau de cette force du *logos* – ou, si elle disparaît dans le parjure, de la malé-diction qui a été alors mise en elle.

א La thèse de Usener implique en quelque sorte que « l'origine du langage est toujours un événement mythico-religieux » (Kraus, p. 407). Cela ne signifie pas pour autant un primat de l'élément théologique : événement du dieu et événement du nom, mythe et langage coïncident parce que, comme Usener le précise d'emblée, le nom n'est pas quelque chose de déjà disponible qui serait ensuite appliqué à la chose à nommer. « On ne forme pas un complexe de sons pour l'employer ensuite comme signe d'une chose déterminée à la manière d'un jeton. L'excitation spirituelle qui nomme un être que l'on rencontre dans le monde extérieur est en même temps l'occasion et le moyen de la dénomination [*der Anstoss und das Mittel des Bennennens*] » (Usener, p. 3). Cela signifie que, dans l'événement de langage, nom propre et nom appellatif sont indiscernables et, comme nous l'avons vu pour les *Sondergötter*, le nom propre du dieu et le prédicat qui décrit une certaine action (le désherbage, le fumage etc.) ne sont pas encore séparés. Dénomination et dénotation (ou, comme nous le verrons, aspect assertif et aspect véridictionnel du langage) sont à l'origine inséparables.

20. Dans son étude sur *La Blasphémie et l'euphémie*, Benveniste, comme nous l'avons vu, souligne le caractère interjectif qui définit le juron. « La blasphémie, écrit-il, se manifeste comme *exclamation*, elle a la syntaxe des interjections dont elle constitue la variété la plus typique » (Benveniste [3], p. 256). Comme toute exclamation, le juron est « une parole qu'on "laisse échapper" sous la pression d'un sentiment brusque et violent » (*ibid.*) et, comme toute interjection, même si, à la différence de ce qui se passe avec les onomatopées comme *aïe! oh!* etc., il se sert toujours de termes en soi signifiants, il n'a pas de caractère communicatif et est essentiellement non sémantique.

Il est à noter que, traitant des expressions employées par les primitifs pour signifier le divin (comme *mouloungu* chez les Bantous, *wakanda* ou *manitou* chez les Indiens d'Amérique), Cassirer observe que, pour les comprendre, nous devons « remonter jusqu'à la couche originelle des interjections linguistiques. Le *manitou* des Algonquins, comme le *mouloungou* des Bantous, sont employés à titre d'exclamations qui désignent moins une chose qu'une certaine impression et qui interviennent pour chaque chose inhabituelle, étonnante, excitant l'admiration ou la crainte » (Cassirer, p. 90). On peut en dire de même des noms des dieux du polythéisme, qui constituent, selon Cassirer, la première forme où la conscience mythico-religieuse exprime ses sentiments de frayeur ou d'adoration (*ibid.*).

Comme le juron, qui en est l'autre face, le nom divin semble avoir de façon constitutive la forme d'une inter-jection. Dans le même sens, la dénomination adamique dans la *Genèse* (2, 19) ne pouvait être un discours, mais seulement une série d'interjections. Selon la dualité entre noms et discours qui, d'après les linguistes, caractérise le langage humain, les noms, dans leur statut d'origine, constituent un élément non sémantique, mais plutôt purement sémiotique. Ils sont les vestiges de l'interjection originelle que le fleuve du langage entraîne avec soi dans son devenir historique.

En raison de sa nature essentiellement non sémantique, mais exclamative, le juron montre sa proximité avec un phénomène linguistique difficile à analyser, l'insulte. Les linguistes définissent les insultes comme des termes performatifs d'un genre particulier qui, en dépit d'une ressemblance apparente, s'opposent point par point aux termes classificatoires normaux qui inscrivent dans une catégorie déterminée l'être dont ils sont les prédicats. La phrase « tu es un idiot » n'est symétrique qu'en apparence à la phrase « tu es un architecte », parce qu'à la différence de cette dernière, elle ne vise pas à inscrire un sujet dans une classification cognitive, mais à produire par son simple énoncé, des effets pragmatiques particuliers (Milner, p. 295). Les insultes fonctionnent donc plutôt comme des exclamations ou des noms propres que comme des termes prédicatifs et, en cela, montrent leur similitude avec le juron (en grec *blasphēmia* signifie à la fois insulte et blasphème). Il n'est donc pas surprenant que, par un processus déjà réalisé chez saint Augustin, le juron, de vaine nomination du nom de Dieu, prenne la forme d'une insulte (*mala dicere de Deo*), c'est-à-dire d'un terme injurieux apposé au nom de Dieu dans une exclamation. En tant que terme sémantique seulement en apparence, l'insulte renforce le caractère « vain » du juron et le nom de Dieu est ainsi doublement proféré à vide.

א Le pouvoir particulier du nom divin est évident dans cette institution du droit de la guerre romain connue sous le nom d'*evocatio* (il devrait maintenant être clair que nous préférons éviter le terme « droit sacral » auquel, depuis Danz et Wissowa on fait référence dans ce contexte). Durant le siège d'une ville, juste avant l'assaut final, le général « évoquait », c'est-à-dire appelait par leur nom les divinités tutélaires des ennemis, afin qu'il abandonnent la cité et se transportent à Rome, où ils recevraient un culte plus approprié. La formule du *carmen evocationis* employée pour Carthage nous a été conservée par Macrobe, sans que soit mentionné le nom propre du dieu invoqué (III, 9, 7) :

> Dieu ou déesse, qui que tu sois [*si deus es, si dea es*], qui as sous ta protection le peuple et la cité de Carthage,

et toi surtout qui as reçu pour charge la protection de cette ville et de ce peuple, je vous prie, je vous conjure [*precor venerorque*] et vous demande en grâce d'abandonner le peuple et la cité de Carthage, de quitter les lieux consacrés, les temples, les objets de culte et la ville des Carthaginois [...] et, après avoir été transférés, de venir à Rome, chez moi et les miens, de trouver plus accueillants et plus propices nos lieux consacrés, nos temples, nos objets de culte et notre ville, de nous prendre sous votre tutelle, moi, le peuple romain et mes soldats. Si vous nous faites savoir et comprendre que telle est votre conduite, je formule le vœu de vous [*voveo vobis*] élever des temples et d'instituer des jeux en votre honneur.

Nous savons par Pline (28, 18) qu'il ne s'agit pas en réalité d'une invitation, mais d'un véritable pouvoir coercitif lié à l'énonciation du nom : en effet, pour éviter le risque d'une évocation de la part de l'ennemi, Rome avait un nom secret (le palindrome *Amor* ou, selon Jean le Lydien [*De mensibus*, IV, 25], *Flora*). À l'instar de Rome, les dieux avaient aussi un nom secret, connu seulement du prêtre (ou du mage), qui garantissait l'efficacité de l'évocation : ainsi Dionysos dans les mystères était appelé Pyrigenes, Lucine recevait le nom étranger d'Ilithye, Proserpine celui de Furva, alors que le vrai nom de la *Bona dea*, à qui les matrones romaines vouaient un culte à mystères, devait rester ignoré des mâles (Güntert, p. 8). Le pouvoir magique du nom que nous rencontrons dans les formules et les amulettes de nombreuses cultures, où non seulement le nom évoque la puissance nommée, mais peut aussi, par son effacement progressif, la chasser ou la détruire (comme dans la formule *akrakanarba kanarba anarba narba arba rba ba a*, Wessely, p. 28), trouve ici son fondement. Comme dans le serment, (la proximité entre formule magique et serment est attestée par le verbe *horkizō*, évoquer, conjurer : *horkizō se to hagion onoma*, avec l'accusatif du nom divin exactement comme dans le serment – Güntert, p. 10), l'énonciation du nom réalise immédiatement la correspondance entre les mots et les choses. Serment et conjuration sont les deux faces de l'« évocation » de l'être.

21. On comprend ainsi le primat essentiel du nom de Dieu dans les religions monothéistes, et le fait qu'il s'identifie et pour ainsi dire se substitue au Dieu qu'il dénomme. Si, dans le polythéisme, le nom *du* dieu nommait tel ou tel événement de langage, telle ou telle dénomination spécifique, tel ou tel *Sondergott*, dans le monothéisme, le nom *de* Dieu nomme le langage même. La dissémination potentiellement infinie de chacun des événements de dénomination divins cède la place à la divinisation du *logos* comme tel, au nom de Dieu comme archi-événement du langage dans les noms. Le langage est le verbe de Dieu et le verbe de Dieu est, selon les mots de Philon, un serment : c'est Dieu en tant qu'il se révèle dans le *logos* comme le « fidèle » (*pistos*) par excellence. Dieu est celui qui prête serment dans la langue que l'homme ne fait que parler, mais dans le serment sur le nom de Dieu la langue des hommes communique avec la langue divine.

D'où, chez Maïmonide et dans le judaïsme rabbinique, l'insistance sur le statut du nom propre de Dieu, le Tétragramme, qui – comme *schem ha-meforasch*, « nom distinctement prononcé », mais aussi « séparé, secret » – est maintenu distinct des simples noms appellatifs (*kinnui*), qui expriment telle ou telle action de Dieu, tel ou tel attribut divin. « Les autres noms – écrit Maïmonide – comme *Dayyan* (juge), *Tzaddik* (juste), *Hannoun* (gracieux, clément), *Ra'houm* (miséricordieux), *Elohim*, ce sont manifestement des noms *communs* et *dérivés*. Mais le nom qui est épelé *yod*, *hé*, *waw*, *hé*, n'a pas d'étymologie connue, et ne s'applique à aucun autre être » (Maïmonide, 1, 61, p. 269). En commentant un passage du *Pirkè R. Eliezer*, où on lit qu'« avant la création du monde, il n'y avait que le Très Saint et son nom seul », Maïmonide ajoute que, de cette manière, il est « dit clairement que ces noms dérivés ne sont tous nés qu'après la création du monde ; et cela est vrai, car ce sont tous des noms qui ont été établis par rapport aux actions [de Dieu] qu'on trouve dans l'univers ; mais si l'on considère son essence, dénuée et dépouillée de toute action, il n'a absolument aucun nom dérivé, mais un seul nom *improvisé* pour indiquer son essence » (*ibid.*, p. 271). Selon Maïmonide, le propre de ce nom (le *schem ha-meforasch*) est qu'à la différence des autres noms, qui « n'indiquent […] pas seulement une essence, mais une essence ayant des attributs », il désigne « l'idée de l'existence nécessaire », c'est-à-dire une essence qui coïncide avec son existence (*ibid.*, p. 270). Le « nom » (le terme *schem* dans la Bible est souvent employé comme synonyme de Dieu) est l'être de Dieu et Dieu est l'être qui coïncide avec son nom.

א Dans son étude sur *Le Nom de Dieu et la théorie cabaliste du langage*, Scholem a montré la fonction spéciale que possède le nom de Dieu dans la cabale, où il constitue « l'origine métaphysique de toute langue » (Scholem, p. 10). Selon les cabalistes, le nom de Dieu, sur lequel jurent les hommes, est ce qui produit et soutient le langage humain, et celui-ci n'est autre qu'une décomposition, une recombinaison et un déploiement des lettres composant ce nom. La Torah, notamment, « est entièrement construite sur le tétragramme et tissée à partir des noms appellatifs de Dieu que l'on peut tirer de lui, et dont chacun met en relief un aspect particulier du divin […] La Torah est donc un tissu vivant, un lacis, un *textus* dans l'acception la plus propre du terme où la trame est composée par le Tétragramme qui constitue de manière cachée ou manifeste la toile de fond et le fil conducteur revenant dans toutes les métamorphoses et les variations possibles » (*ibid.*, p. 50).

Les théologiens chrétiens parlent de *communicatio idiomatum* pour définir la communication entre les propriétés de la nature divine et celles de la nature humaine qui sont unies comme hypostases dans le Christ. On pourrait parler, en un sens analogue, d'une *communicatio* entre la langue de Dieu et la langue des hommes qui a lieu, selon les cabalistes, dans le nom de Dieu. Chez Philon (*supra*, p. 18), la communication entre les langues trouve son lieu dans le serment, où Dieu jure sur lui-même et les hommes sur le nom de Dieu. Dans l'essai de Benjamin sur la *Langue en général et la langue des hommes* dont l'étude de Scholem citée plus haut représente une reprise et un développement, le lieu de la *communicatio idiomatum* réside dans le nom propre par lequel la langue des hommes communique avec la parole créatrice de Dieu (Benjamin, p. 150).

א Dans l'*Exode* (3, 13), quand Moïse lui demande comment il devra répondre aux Hébreux qui l'interrogent sur le nom de Dieu, Jahweh répond : « *ehyé ascher ehyé* / je suis celui qui suis ». La version des Septante, produite dans un milieu hellénistique et donc en contact avec la philosophie grecque, traduit ce nom par *egō eimi ho ōn*, c'est-à-dire le terme technique pour l'être (*ho ōn*). En commentant ce passage, Maïmonide, se montre parfaitement conscient des implications philosophiques de ce nom de Dieu :

> Dieu lui donna alors une connaissance qu'il devait leur communiquer, afin d'établir pour eux l'existence de Dieu, et c'est ce qu'expriment les mots *ehyé ascher ehyé*; c'est là un nom dérivé de *haya*, qui désigne l'*existence*, car *haya* signifie "il fut", et, dans la langue hébraïque, on ne distingue pas entre "être" et "exister". Tout le mystère est dans la répétition, sous forme d'attribut, de ce mot même qui désigne l'*existence*; car le mot *ascher* (qui), étant un nom incomplet [...] exige qu'on exprime l'attribut qui lui est *conjoint*; et, en exprimant le premier nom, qui est le sujet, par *ehyé* et le second nom, qui lui sert d'attribut, par ce même mot *ehyé*, on a, pour ainsi dire, déclaré que le sujet est identiquement la même chose que l'attribut. C'est donc

là une explication de cette idée : que Dieu *existe*, mais non par l'*existence* ; de sorte que cette idée est ainsi résumée et interprétée : *l'Être qui est l'Être*, c'est-à-dire, l'*Être nécessaire* (Maïmonide, 1, 63).

22. La liaison du thème théologique du nom de Dieu avec le thème philosophique de l'être absolu où coïncident essence et existence, s'accomplit de façon définitive dans la théologie catholique, notamment sous la forme de l'argument qu'à partir de Kant on a coutume d'appeler ontologique. Comme l'ont mis en lumière les interprètes, la force de la célèbre argumentation d'Anselme dans le *Proslogion* ne consiste pas en une déduction logique de l'existence à partir de la notion d'être parfait ou « ce dont on ne peut penser rien de plus grand » ; il s'agit plutôt de la compréhension de *id quo maius cogitari non potest* comme nom le plus propre de Dieu. Prononcer le nom de Dieu signifie donc le comprendre cette expérience de langage où il est impossible de séparer le nom et l'être, les mots et la chose. Comme l'écrit Anselme à la fin du *Liber apologeticus contra Gaunilonem* (le seul où il parle d'une preuve, ou plutôt d'une *vis probationis*), « cela même qui est dit [*hoc ipsum quod dicitur*], du seul fait qu'il soit compris ou pensé [*eo ipso quod intelligitur vel cogitatur*] est la preuve qu'il existe nécessairement ». Il s'agit donc avant tout d'une expérience de langage (d'un « dire » : *hoc ipsum quod dicitur*) et cette expérience est celle de la foi. Aussi Anselme tient-il à nous informer que le titre original de son traité était *fides quaerens intellectum* et qu'il avait été écrit *sub persona* [...] *quaerentis intelligere quod*

credit (au nom de quelqu'un qui veut comprendre ce qu'il croit). Comprendre l'objet de la foi signifie comprendre une expérience de langage où, comme dans le serment, ce que l'on dit est nécessairement vrai et existe. Le nom de Dieu exprime donc le statut du *logos* dans la dimension de la *fides*-serment où la dénomination réalise immédiatement l'existence de ce qu'elle dénomme.

Cinquante ans plus tard, Alain de Lille, dans ses *Regulae theologicae* (P. L. 210, 621-684), pousse encore plus loin ce statut spécial du nom divin, en écrivant que tout nom, même celui qui exprime un attribut, comme *iustus* ou *bonus*, rapporté à l'être de Dieu se transforme en pronom (*pronominatur*), c'est-à-dire cesse d'indiquer, comme tout nom, une substance plus un attribut et, en se vidant de son sens, désigne désormais, comme les pronoms ou les noms propres, une pure existence (*substantia sine qualitate*, dans la tradition de la pensée grammaticale classique). En outre le pronom également, s'il est prédicat de Dieu, tombe de l'ostension sensible ou intellectuelle qui le définit (*cadit a demonstratione*) pour opérer une paradoxale *demonstratio ad fidem*, c'est-à-dire une ostension du pur acte de parole comme tel (*apud Deum, demonstratio fit ad fidem*).

C'est pourquoi Thomas, reprenant la thèse de Maïmonide sur le nom *qui est*, peut écrire qu'il « dit l'être absolu et non déterminé par aucune spécification ajoutée […] il ne signifie pas ce qu'est Dieu [*quid est Deus*], mais, pour ainsi dire, la mer infinie et presque indéterminée de l'existence […] et il reste alors dans notre intellect seulement le fait qu'il est [*quia est*] et rien d'autre, comme dans une espèce de stupeur [*sicut in quadam confusione*] » (*super 1 Sent.*, d. 8, q. 1, a. 1). La signification du nom de Dieu n'a donc aucun contenu sémantique ou, mieux, suspend et met entre parenthèses toute signification pour affirmer, grâce à une pure expérience de parole, une existence pure et nue.

Nous pouvons alors préciser davantage le sens et la fonction du nom de Dieu dans le serment. Tout serment jure sur le nom par excellence, c'est-à-dire sur le nom de Dieu, parce que le serment est cette expérience de langage qui traite toute la langue comme un nom propre. La pure existence – l'existence du nom – n'est ni le résultat d'une constatation ni une déduction logique : c'est quelque chose qui ne peut pas être signifié, mais seulement juré, c'est-à-dire affirmé comme un nom. La certitude de la foi est la certitude du nom (de Dieu).

א A la fin des notes publiées en 1969 sous le titre *De la Certitude*, Wittgenstein, pour mettre en lumière ce que nous appelons certitude et que souvent nous prenons pour un « savoir », recourt à l'exemple du nom propre et se demande :

> Est-ce que je sais que je m'appelle L. W., ou le crois-je seulement ? (Wittgenstein, n. 491).

Il interroge donc cette « assurance » particulière qui est liée au plan des noms. Il s'agit d'une certitude ou mieux d'une « confiance » (*Worauf kann ich mich verlassen ? A quoi puis-je me fier ? – ibid.*, n. 508) dont nous ne

pouvons douter sans renoncer à toute possibilité de jugement et de raisonnement (*ibid.*, n. 494). « Si mon nom *n'est*
pas L. W., comment puis-je compter sur ce qui est donné
à comprendre par "vrai" ou par "faux"? (*ibid.*, n. 515).
L'assurance relative à la propriété des noms conditionne
toute autre certitude. Si l'on met en question dans le
langage le moment même de la dénomination sur lequel se
fonde tout jeu linguistique (si je ne suis pas sûr que je
m'appelle Wittgenstein et que «chien» signifie chien),
alors parler et juger deviennent impossibles. Cependant
Wittgenstein montre qu'il ne s'agit pas ici d'une certitude
de type logique ou empirique (comme la certitude de n'être
jamais allé sur la lune – *ibid.*, n. 662), mais de quelque
chose comme une « règle » de ce jeu qu'est le langage.

C'est une certitude, ou mieux une «foi», de ce genre
qui est en question dans le serment et dans le nom de Dieu.
Le nom de Dieu nomme le nom qui est toujours et
seulement vrai, c'est-à-dire l'expérience du langage dont
nous ne pouvons douter. Cette expérience est pour
l'homme le serment. En ce sens, tout nom est un serment ;
dans tout nom, une « foi » est en question, car la certitude
du nom n'est pas de type empirico-constatif ni logico-
épistémique, mais remet plutôt sans cesse en jeu l'engagement et la pratique des hommes. Parler, c'est d'abord
jurer, croire dans le nom.

23. C'est dans cette perspective qu'il faut relire la
théorie des performatifs ou des *speech acts* qui, dans
la pensée du XXe siècle, représente une sorte d'énigme,

comme si les philosophes et les linguistes se heurtaient ici
à la survivance d'un stade magique de la langue. Le
performatif est un énoncé linguistique qui ne décrit pas un
état de choses, mais produit immédiatement un fait, réalise
son signifié. « Je jure » est, en ce sens, le paradigme parfait
du *speech act* et il est singulier que Benveniste, qui le
mentionne comme tel dans son étude sur les performatifs
(I, p. 270), ne tienne en revanche aucun compte de cette
nature particulière dans le chapitre sur le serment du
Vocabulaire. En effet, c'est le statut du serment que nous
avons essayé jusqu'ici de reconstruire qui permet de saisir
sous un nouvel éclairage la théorie des performatifs. Ils
représentent dans la langue le reste d'un stade (ou plutôt,
l'aspect co-originaire d'une structure) où le lien entre les
mots et les choses n'est pas de type sémantico-dénotatif,
mais performatif, au sens que, comme dans le serment,
l'acte verbal avère l'être. Comme nous l'avons vu,
il ne s'agit pas d'un stade magico-religieux, mais d'une
structure antérieure (ou contemporaine) à cette distinction
entre sens et dénotation, qui n'est peut-être pas, comme
nous sommes habitués à le croire, un caractère originel et
éternel de la langue humaine, mais un produit de l'histoire
(qui comme tel n'a pas toujours existé et pourrait bien un
jour cesser d'exister).

Comment fonctionne, en effet, le performatif ?
Qu'est-ce qui permet à un certain syntagme d'acquérir,
de par son seul énoncé, l'efficace du fait, démentant
l'ancienne maxime qui veut que les paroles et les choses
soient séparées par un abîme ? Ce qui est essentiel ici, c'est

assurément le caractère auto-référentiel de l'expression performative. Cette auto-référentialité ne se réduit pas simplement à ce que le performatif, comme le note Benveniste (*ibid.*, p. 274), se prend lui-même pour référent, dans la mesure où il renvoie à une réalité qu'il est lui-même à constituer. Il faut plutôt préciser que l'auto-référentialité du performatif se constitue toujours au moyen d'une suspension du caractère dénotatif normal du langage. En effet, le verbe performatif se construit nécessairement avec un *dictum* qui, considéré en soi, a une nature purement dénotative et sans laquelle il reste vide ou inefficace (*je jure* n'a de valeur que s'il est suivi – ou précédé – d'un *dictum* qui lui donne un contenu). C'est le caractère dénotatif du *dictum* qui est suspendu et mis en question au moment même où il devient l'objet d'un syntagme performatif. Ainsi les expressions dénotatives : « hier je me trouvais à Athènes » ou « je ne me battrai pas contre les Troyens » cessent d'être telles si elles sont précédées du performatif *je jure*. Le performatif substitue donc à la relation dénotative entre la parole et le fait une relation auto-référentielle qui, mettant hors jeu la première, se pose elle-même comme le fait décisif. Le modèle de la vérité n'est pas ici celui de l'adéquation entre les mots et les choses mais celui, performatif, où la parole réalise immanquablement sa signification. De même que, dans l'état d'exception, la loi ne suspend sa propre application que pour fonder, de cette manière, sa vigueur, de même, dans le performatif, le langage suspend sa dénotation propre, uniquement pour fonder son rapport existentiel avec les choses.

Considéré dans cette perspective, l'argument onto-logique (ou onto-théo-logique) dit simplement que si la langue existe, Dieu existe et que le nom de Dieu est l'expression de cette *performance* métaphysique. En elle, sens et dénotation, essence et existence coïncident, l'existence de Dieu et son essence sont une seule et même chose. Ce qui existe purement et simplement (*on haplōs*), c'est ce qui résulte performativement de la pure mani-festation de la langue. (En paraphrasant une thèse de Wittgenstein, on pourrait dire que l'existence du langage est l'expression performative de l'existence du monde). L'ontothéologie est donc une prestation performative du langage et est solidaire avec une certaine expérience de la langue (celle qui est en question dans le serment), au sens où sa validité et son déclin coïncident avec la valeur et le déclin de cette expérience. Ainsi la métaphysique, la science de l'être pur, est elle-même historique et coïncide avec l'expérience de l'événement de langage auquel l'homme s'est voué dans le serment. Si le serment décline, si le nom de Dieu se retire de la langue – et c'est ce qui s'est produit à partir de l'événement qu'on a appelé la « mort de Dieu » ou, pour parler plus exactement, « du nom de Dieu » – la métaphysique aussi est arrivée à son terme.

Il reste en tout cas la possibilité du parjure et du juron, où ce qui est dit n'est pas vraiment entendu et où le nom de Dieu est prononcé à vide. La nature cooriginaire de la

* En français dans le texte.

structure performative et de la structure dénotative de la langue fait que le « fléau indo-européen » est inscrit dans l'acte de parole lui-même, qu'il est donc consubstantiel à la condition même de l'être parlant. Avec le *logos* sont donnés ensemble – d'une façon cooriginaire, mais sans pouvoir jamais coïncider parfaitement – noms et discours, vérité et mensonge, serment et parjure, béné-diction et malé-diction, existence et non existence du monde, être et néant.

א Ce pouvoir performatif du nom de Dieu explique le fait, surprenant pour nous à première vue, que la polémique des apologistes chrétiens contre les dieux païens ne concerne pas leur existence ou leur inexistence, mais seulement le fait qu'ils soient, selon les mots que Dante met sur les lèvres de Virgile, « faux et menteurs » (*Enfer*, 1, 72). Les dieux païens existent, mais ce ne sont pas de vrais dieux ; selon Tatien, ce sont des démons, ou, pour Tertullien, des êtres humains. Relativement à la multiplication potentiellement infinie de leurs noms, les dieux du paganisme équivalent à des serments faux, sont constitutivement des parjures. Au contraire l'invocation du nom du vrai Dieu est la garantie même de toute vérité mondaine (saint Augustin : *Te invoco, deus veritas, in quo et a quo et per quem vera sunt quae vera sunt omnia*). Une fois que le pouvoir performatif du langage a été concentré dans le nom du dieu unique (devenu pour cette raison plus ou moins imprononçable), chaque nom divin perd toute efficacité et tombe au rang de vestige linguistique où seul la signification dénotative reste perceptible (en ce sens,

Tertullien peut mentionner sarcastiquement *Sterculus cum indigitamentis suis – Apol.*, XXV, 10).

24. Dans cette perspective, la distinction tranchée entre serment assertif et serment promissif correspond à la défaillance de l'expérience de la parole qui est en question dans le serment. Ce n'est ni une assertion ni une promesse, mais quelque chose que, pour reprendre un terme foucaldien, nous pouvons appeler une « véridiction », et qui a, dans la relation au sujet qui l'énonce, le seul critère de son efficacité performative. Assertion et véridiction définissent donc les deux aspects co-originaires du *logos*. Tandis que l'assertion a une valeur essentiellement dénotative, dont la vérité dans le moment de sa formulation est indépendante du sujet et se mesure avec des paramètres logiques et objectifs (conditions de vérité, non contradiction, adéquation entre mots et réalités), dans la véridiction le sujet se constitue et se met en jeu comme tel en se liant performativement à la vérité de sa propre affirmation. C'est pour cette raison que la vérité et la consistance du serment coïncident avec sa prestation et que l'appel à témoin du dieu n'implique pas de témoignage factuel, mais est réalisé performativement par le simple énoncé de son nom. Ce que nous appelons aujourd'hui performatif au sens strict (les *speech acts*, « je jure », « je promets », « je déclare », etc., qui doivent être significativement toujours énoncés à la première personne) sont, dans le langage, le vestige de cette expérience constitutive de la parole – la véridiction – qui s'épuise avec sa formulation,

parce que le sujet locuteur ne lui préexiste ni ne se lie à elle par la suite, mais coïncide intégralement avec l'acte de parole.

Ici le serment montre sa proximité performative avec la profession de foi (*homologia*, qui en grec désigne aussi le serment). Lorsque Paul, dans l'*Épître aux Romains* (10, 6-10), définit la « parole de la foi » (*to rēma tēs pisteōs*) non par la correspondance entre parole et réalité, mais par le voisinage entre les « lèvres » et le « cœur », c'est l'expérience performative de la véridiction qu'il a en tête :

> La parole est tout près de toi, sur tes lèvres et dans ton cœur, entends : la parole de la foi que nous prêchons. En effet, si tu professes [*homologēsēis*] par tes lèvres que Jésus est seigneur et si tu crois [*pisteusēis*] en ton cœur que Dieu l'a ressuscité des morts, tu seras sauvé.

Si l'on prétend formuler comme assertion une véridiction, comme expression dénotative un serment et – ainsi que l'Église commence à le faire à partir du IVe siècle avec les symboles – comme dogme une profession de foi, l'expérience de la parole se scinde et apparaissent immanquablement parjure et mensonge. C'est pour tenter d'endiguer cette scission de l'expérience du langage que naissent le droit et la religion qui cherchent à lier la parole à la chose et à river, par des malédictions et des anathèmes, le sujet parlant au pouvoir véritatif de sa parole, à son « serment » et à sa profession de foi. L'ancienne formule des XII Tables, qui exprime la puissance performative revenant à la parole dans le droit, *uti lingua nuncupassit, ita ius esto* (comme la langue l'a dit

– a pris le nom, *nomen capere* – qu'ainsi soit le droit), ne signifie pas que ce qui est dit est vrai de façon constative, mais seulement que le *dictum* est lui-même le *factum* et que, comme tel, il oblige la personne qui l'a énoncé. Il faut encore une fois renverser, en ce sens, l'opinion commune qui explique l'efficace du serment par le renvoi aux puissances de la religion et du droit sacral archaïque. Religion et droit ne préexistent pas à l'expérience performative du langage qui est en question dans le serment, mais ont plutôt été inventés pour garantir la vérité et la fiabilité du *logos* au moyen d'une série de dispositifs, parmi lesquels la technicisation du serment dans un « sacrement » spécifique – le « sacrement du pouvoir » – occupe une place centrale.

א L'incompréhension du caractère performatif de l'expérience de langage qui est en jeu dans le serment est évidente dans les analyses philosophiques du parjure dont nous avons un témoignage déjà chez Aristote. À propos du serment des Troyens (*Iliade*, III, 276, *sq.*) Aristote observait qu'il faut distinguer entre rompre le serment (*blapsai ton horkon*), qui ne peut concerner qu'un serment promissif), et *epiorkesai*, se parjurer, qui ne peut se rapporter qu'à un serment assertif (Aristote, frag. 143). Dans le même sens Chrysippe distingue entre *alēthorkein/pseudorkein*, jurer le vrai/jurer le faux, qui sont en question dans le serment assertif selon que l'affirmation de celui qui jure est objectivement vraie ou fausse, et *euorkein/epiorkein*, qui s'appliquent à la réalisation ou non d'un serment promissif (Diogène Laërce, 7, 65-66; *cf.* Hirzel, p. 77-78;

Plescia, p. 84-85). On voit ici comment le modèle de la vérité logique fondé sur l'adéquation objective entre les mots et les choses ne peut rendre compte de l'expérience de langage implicite dans le serment. Dans la mesure où le serment réalise performativement ce qui est dit, l'*epiorkos* n'est pas simplement un serment faux, mais implique la sortie de l'expérience performative qui est propre à l'*horkos*.

La logique, qui veille sur l'usage courant du langage en tant qu'assertion, naît quand la vérité du serment est déjà passée. Et si du souci de l'aspect assertif du *logos* naissent la logique et la science, de la véridiction proviennent, bien que par des croisements et des superpositions de toutes sortes (qui ont dans le serment leur place éminente), le droit, la religion, la poésie et la littérature. En leur milieu se situe la philosophie qui, en se tenant à la fois dans la vérité et dans l'erreur, essaie de sauvegarder l'expérience performative de la parole sans renoncer à la possibilité du mensonge et, dans tout discours assertif, fait avant tout l'expérience de la véridiction qui a lieu en lui.

25. L'efficacité performative du serment est évidente dans le procès archaïque qui, en Grèce comme à Rome, prenait la forme d'un conflit entre deux serments. Le procès civil s'ouvrait sur le serment des parties en cause : le serment par lequel le demandeur affirmait la vérité de ses revendications s'appelait *proomosia* (étymologiquement : serment prononcé en premier), celui du défendeur *antomosia* (c'est-à-dire serment prononcé en opposition

au premier) et l'échange de serments était appelé *amphior-kia*. Par analogie, dans le droit pénal, « l'accusateur jure que son adversaire a commis le crime et l'accusé qu'il ne l'a pas commis » (Lysias, *Contre Simon*, 46 ; *cf.* Glotz, p. 762). La loi de Gortyne montre que les Grecs tentèrent de limiter le serment aux cas où la preuve testimoniale était impossible et d'établir par conséquent laquelle des deux parties (d'habitude l'accusé) avait un droit préférentiel au serment. Dans tous les cas, le juge déterminait quel était celui qui avait « bien juré » (*poteros euorkei*) (Plescia, p. 49). Glotz observe à juste titre, contre l'opinion de Rohde, que le serment déclaratoire qui est en question dans le procès grec, « loin de contraindre au parjure et de prouver […] que le peuple athénien n'était pas un *Rechtsvolk*, loin d'être une institution purement religieuse et destinée à substituer éventuellement la justice des dieux à la justice faillible des hommes » (Glotz, p. 761), était une procédure proprement juridique où le serment déclaratoire du litige était clairement distingué de celui qui était requis à titre de preuve. Une procédure semblable existait dans le droit romain, celle de la *legis actio sacramenti* que Gaius nous décrit dans le livre IV de ses *Institutiones*. Chacune des deux parties affirmait son droit – dans le cas pris pour exemple par Gaius, la revendication *(vindicatio)* de la propriété d'un esclave – par la formule : *Hunc ego hominem ex iure Quiritium meum esse aio, secundum suam causam sicut dixi ecce tibi vindictam imposui*, accompagnée de l'imposition d'une baguette (*vindicta*) sur la tête de l'esclave contesté. Ensuite, celui qui avait prononcé la première déclaration provoquait l'autre à la mise en jeu *(sacramentum)* d'une certaine somme d'argent *(quando tu iniuria vindicavisti, D aeris sacramento te provoco)*. En commentant dans ce passage le terme *sacramentum*, Festus explique qu'il s'agit d'un véritable serment qui implique une *sacratio : sacramentum dicitur quod iusiurandi sacratione interposita factum est* (on appelle *sacramentum* ce qu'on accomplit en faisant intervenir la consécration d'un serment). C'est alors seulement que le juge prononçait sa sentence :

> Ce *sacramentum* est le point central, le nœud du procès, qui donne son nom à tout l'ensemble. Le rôle du juge se borne, en effet, après l'examen de la cause, à déclarer quel est le *sacramentum iustum* et quel est *sacramentum iniustum* (Noailles [1], p. 276).

Une fois encore, les historiens du droit, tout en se rendant bien compte qu'il est ici question d'une efficacité purement performative, tendent à expliquer la fonction du serment dans les procès par le recours au paradigme sacral :

> Il apparaît que les formes les plus anciennes de l'engagement réalisent l'engagement : elles provoquent un changement d'état chez les partenaires et elles créent quelque chose entre eux dans un au-delà. Pour créer, elles mettent en jeu des forces [...] ce sont des forces dites religieuses (Gernet [1], p. 47).

Ce qui est ainsi présupposé sous la forme de la religiosité n'est que l'expérience du langage qui a lieu dans la véridiction. En ce sens, l'opposition entre foi et

raison, si importante dans la culture moderne, correspond
en réalité point par point à l'opposition entre ces deux
caractères co-originaires du *logos* que sont la véridiction
(d'où proviennent le droit et la religion positive) et
l'assertion (d'où découlent la logique et la science).

26. Essayons de comprendre, dans la perspective de
notre étude, quelles sont en réalité les « forces » dont il est
ici question. Un des termes sur le sens duquel les historiens
ne cessent de discuter est *vindicta* (et les termes qui lui sont
liés comme *vindex*, *vindicare*), qui semble désigner dans
le procès la baguette avec laquelle les parties touchaient
l'objet revendiqué. C'est le mérite de Pierre Noailles
d'avoir mis en lumière le sens originel de ce terme. Selon
l'étymologie traditionnelle, il provient de *vim dicere*,
littéralement « dire ou montrer la force ». Mais de quelle
« force » s'agit-il ? Parmi les chercheurs, observe Noailles,
la plus grande confusion règne à ce propos. « Ils oscillent
perpétuellement entre les deux sens que peut avoir le mot :
ou bien la force ou bien la violence, c'est-dire la force
matériellement mise en œuvre. En réalité, ils ne choi-
sissent pas. Suivant l'occasion, c'est l'une ou l'autre signification qui est mise en avant. Les *vindicationes* du *sacramentum* sont présentées tantôt comme des manifestations
de force, tantôt comme des actes de violence symboliques
ou simulés. La confusion est encore plus grande pour le
vindex. Car on ne décide pas clairement si la force ou la
violence qu'il indique c'est la sienne propre qu'il met
au service du droit, ou bien si c'est la violence de son

adversaire qu'il dénonce comme contraire à la justice »
(Noailles [2], p. 57). Contre cette confusion, Noailles
montre que la *vis* en question ne saurait être une force ou
une violence matérielle, mais seulement la force du rite,
c'est-à-dire une « force qui contraint, mais qui ne cherche
pas, qui n'a pas à s'employer matériellement dans un acte
de violence, même simulée » (*ibid.*, p. 59). Noailles cite à
ce propos un passage d'Aulu-Gelle où la *vis civilis* […]
quae verbo diceretur (« la force civile qui se dit avec la
parole ») est opposée à la *vis quae manu fieret, cum vi
bellica et cruenta.* En développant le propos de Noailles
on peut faire l'hypothèse que la « force dite avec la
parole », présente dans l'action du *vindex* comme dans le
serment, est la force de la parole efficace, comme force
originaire du droit. La sphère du droit est donc celle d'une
parole efficace, d'un « dire » qui est toujours *indicere*
(proclamer, déclarer, solennellement), *ius dicere* (dire ce
qui est conforme au droit) et *vim dicere* (dire la parole
efficace). La force de la parole dont il s'agit ici est, selon
Noailles, la même qui est exprimée dans la formule des
XII Tables : *uti lingua nuncupassit, ita ius esto*, comme la
langue l'a dit, qu'ainsi soit le droit. *Nuncupare* s'explique
étymologiquement par *nomen capere*, prendre le nom :

> Le caractère général de toutes ces *nuncupationes*,
> qu'elles soient du droit sacré ou du droit civil, est de
> délimiter, de circonscrire. On demande au dieu de mani-
> fester sa volonté sur un objet. L'effort essentiel du
> formulaire est de déterminer cet objet, de le saisir. Or
> on peut apprécier le rapport profond qui existe entre le
> geste et la parole, et la corrélation étroite qui les unit.

> *Rem manu capere, nomen, verbis capere*, telles sont les deux pierres angulaires de cette emprise totale. On sait l'importance mystique que les Romains attachaient au *nomen* pour acquérir la maîtrise sur la *res* qu'ils désignaient. La première condition pour agir avec quelque efficacité sur une des forces mystérieuses de la nature, sur une puissance divine, c'était de pouvoir prononcer son nom (Noailles [1], p. 306).

Il suffit de mettre de côté le recours, qui ne nous est maintenant que trop familier, aux « puissances divines » pour que la nature et la fonction du serment dans les procès deviennent évidentes. Le « serment juste » est celui dont le *iudex*, qui dans les procès a pris la place du *vindex* archaïque, « dit et reconnaît la force » (*vim dicit*); c'est donc celui qui a réalisé de la manière la plus correcte et la plus efficace la *performance* implicite dans le serment. C'est pourquoi l'acte de la partie opposée n'est pas nécessairement un *epiorkos*, un parjure : c'est simplement un acte dont la *vis* performative est moins parfaite que celle du vainqueur. La « force » dont il est ici question est celle *quae verbo diceretur*, c'est la force de la parole. On doit supposer que dans le *sacramentum*, comme dans tout serment, était implicite une expérience performative du langage, où l'énoncé de la formule, le *nomen capere* de la *nuncupatio* avait la force de réaliser ce qu'il disait. Il n'est aucunement besoin, pour expliquer cette force, de convoquer la religion, le mythe ou la magie : il s'agit de quelque chose qui se vérifie encore aujourd'hui chaque fois que l'on prononce la formule d'un acte juridique verbal. Ce n'est pas par l'effet d'un pouvoir sacré que les époux, prononçant leur *oui* devant le maire, se retrouvent effectivement unis dans le mariage ; ce n'est pas par magie que la stipulation verbale d'une vente transfère immédiatement la propriété d'un bien mobilier. L'*uti lingua nuncupassit, ita ius esto* n'ert pas une formule magico-sacrale : elle est plutôt l'expression performative du *nomen capere* que le droit a conservé en son centre, en la tirant de l'expérience originelle de l'acte de parole qui a lieu dans le serment.

א Magdelain a montré que le mode verbal propre au droit, tant sacré que civil, est l'impératif. Dans les *leges regiae* comme dans les XII Tables, la formule impérative (*sacer esto, paricidas esto, aeterna auctoritas esto* etc.) est normale. Il en va de même pour les actes juridiques : *emptor esto* dans la *mancipatio*, *heres esto* dans les testaments, *tutor esto* etc., tout comme dans les formules des livres pontificaux : *piaculum dato, exta porriciunto* (Magdelain, p. 33-35). Ainsi que nous l'avons vu (cf. *supra*, p. 53), on rencontre le même mode verbal dans les formules du serment.

Observons la formule impérative des XII Tables citée ci-dessus : *uti lingua nuncupassit, ita ius esto*. Festus, qui nous en a transmis le texte, explique le terme *nuncupata* par *nominata, certa, nominibus propriis pronuntiata* (Riccobono, p. 43 ; Festus, 176, 3-4). La formule exprime donc la correspondance entre la dénomination correctement énoncée et l'effet juridique. On peut en déduire qu'il en va de même pour la formule de l'*inauguratio* des temples sur l'*arx capitolina* : *templa tescaque me ita sunto, quoad ego ea rite lingua nuncupavero* (« que les temples et les lieux sacrés soient pour moi comme je les aurai nommés par la langue conformément au rite » – Varron, *De lingua latina*, 7, 8); ici aussi, l'impératif exprime la conformité entre les mots et les choses découlant d'une correcte dénomination. La *nuncupatio*, la prise du nom, est en ce sens l'acte juridique originel, et l'impératif, que Meillet définit comme la forme primitive du verbe, est le mode verbal de la dénomination dans son effet juridique performatif. Nommer, donner un nom, est la forme originelle du commandement.

ℵ Nous savons par les sources que dans les procès, à Rome, le terme *sacramentum* ne désignait pas directement le serment, mais la somme d'argent (de 50 à 500 as) qui était pour ainsi dire mise en jeu par le serment. Celui qui échouait à prouver son bon droit perdait la somme, qui était versée au trésor public. « La somme d'argent – écrit Varron – mise en jeu dans les procès est dite *sacramentum*, en raison de ce qui est consacré [*sacro*]. Le demandeur et le défendeur déposaient chacun près du pont Sublicius [ou, selon les éditeurs, du pontife], pour certaines causes 500 as, pour d'autres une somme fixée par la loi ; celui qui gagnait le procès reprenait son *sacramentum* de par la consécration, celui du perdant revenait au trésor public » (*De lingua latina*, V, 180). On trouve la même étymologie chez Festus (468, 16-17) : *Sacramentum aes significat quod poenae nomine pendetur* (« *Sacramentum* désigne l'argent payé au titre de la peine »).

L'objet de la *sacratio* qui avait lieu lors du procès était donc l'argent. Ce qui était *sacer*, consacré au dieu, ce n'était pas là, comme dans les sanctions des XII Tables, un être vivant, mais une somme d'argent. Cicéron nous informe qu'à l'origine ce n'était pas l'argent qui était l'objet de la *sacratio* dans les procès, mais le bétail (Noailles, p. 280). D'où l'hypothèse de certains historiens du droit selon lesquels c'était la partie qui prononçait le serment qui se rendait en quelque sorte *sacer*, c'est-à-dire susceptible d'être mise à mort, tout en restant insacrifiable. Dans tous les cas, il est essentiel que le caractère sacré soit ici, sans le moindre doute, intrinsèquement lié à l'argent, que l'argent était littéralement et non métaphoriquement « sacré ». Selon toute vraisemblance, l'aura sacrale qui entoure l'argent dans notre culture trouve son origine dans cette consécration qui substitue une somme d'argent à un être vivant ; comme *sacramentum*, l'argent équivaut réellement à la vie.

27. Essayons de fixer dans une série de thèses la nouvelle situation du serment qui résulte des analyses développées jusqu'ici.

1) Les chercheurs ont constamment expliqué de manière plus ou moins explicite l'institution du serment par un renvoi à la sphère magico-religieuse, à un pouvoir divin ou à des « forces religieuses » qui interviennent pour en garantir l'efficacité en punissant le parjure. Par une curieuse circularité, le serment était en fait interprété, comme chez Hésiode, comme ce qui sert à empêcher le parjure. Notre hypothèse est exactement inverse : la sphère magico-religieuse ne préexiste pas logiquement au

serment, mais c'est le serment, comme expérience originelle performative de la parole, qui peut expliquer la
religion (et le droit qui lui est étroitement lié). C'est
pourquoi, dans le monde classique, Horkos est l'être le
plus ancien, la seule puissance à laquelle les dieux soient
pénalement soumis ; c'est pourquoi aussi, dans le monothéisme, Dieu s'identifie au serment (il est l'être dont la
parole est un serment ou qui coïncide avec la situation de la
parole vraie et efficace *in principio*).

2) Le contexte propre au serment se trouve donc dans
ces institutions, comme la *fides*, dont la fonction est
d'affirmer performativement la vérité et la crédibilité de la
parole. Les *horkia* sont par excellence *pista*, fiables, et
dans le paganisme les dieux sont convoqués performativement dans le serment surtout pour témoigner de cette
fiabilité. Les religions monothéistes, et au premier chef le
christianisme, héritent du serment la centralité de la foi
dans la parole comme contenu essentiel de l'expérience
religieuse. Le christianisme est, au sens propre du terme,
une religion et une divinisation du *Logos*. La tentative de
concilier la foi comme expérience performative d'une
véridiction avec la croyance en une série de dogmes de
type assertif est la prestation et, en même temps, la contradiction centrale de l'Église, qui l'oblige, contre la lettre
même de l'évangile, à techniciser serment et malédictions
dans des institutions juridiques spécifiques. Aussi la philosophie, qui n'essaie pas de fixer la véridiction dans un
système de vérités codifiées, mais, dans chaque événement de langage, porte à la parole et expose la véridiction

qui la fonde, doit-elle nécessairement se poser comme *vera religio*.

3) C'est dans ce sens que l'on doit entendre la proximité essentielle entre serment et *sacratio* (ou *devotio*). L'interprétation de la *sacertas* comme démarche originaire du pouvoir par la production d'une vie nue susceptible d'être mise à mort, quoique insacrifiable, doit être complétée dans le sens que, avant même d'être sacrement du pouvoir, le serment est consécration du vivant à la parole par la parole. Le serment peut faire fonction de sacrement du pouvoir en tant qu'il est, avant tout, le *sacrement du langage*. Cette *sacratio* originelle qui a lieu dans le serment prend la forme technique de la malédiction, de la *politikē ara* qui accompagne la proclamation de la loi. En ce sens, le droit est constitutivement lié à la malédiction, et seule une politique qui aurait rompu ce lien originel avec la malédiction pourrait un jour permettre un autre usage de la parole et du droit.

28. Le moment est venu de situer archéologiquement le serment dans sa relation à l'anthropogénèse. Au cours de notre recherche, nous avons plusieurs fois considéré le serment comme le témoignage historique de l'expérience de langage où l'homme s'est constitué comme être parlant. C'est en référence à un tel événement que Lévi-Strauss, dans l'étude sur Mauss que nous avons citée précédemment, a parlé d'une inadéquation fondamentale entre signifiant et signifié qui s'est produite au moment où, pour l'homme parlant, l'univers est soudain devenu significatif.

> Au moment où l'univers entier, d'un seul coup, est devenu *significatif*, il n'en a pas été pour autant mieux *connu*, même s'il est vrai que l'apparition du langage devait précipiter le rythme du développement de la connaissance. Il y a donc une opposition fondamentale, dans l'histoire de l'esprit humain, entre le symbolisme, qui offre un caractère de discontinuité, et la connaissance, marquée de continuité. Qu'en résulte-t-il ? C'est que les deux catégories du signifiant et du signifié se sont constituées simultanément et solidairement, comme deux blocs complémentaires ; mais que la connaissance, c'est-à-dire le processus intellectuel qui permet d'identifier les uns par rapport aux autres certains aspects du signifiant et certains aspects du signifié […] ne s'est mise en route que fort lentement […]. L'univers a signifié bien avant qu'on ne commence à savoir ce qu'il signifiait […] (Lévi-Strauss, p. XLVII).

La conséquence de cette « péréquation » manquée est que l'homme

> dispose dès son origine d'une intégralité de signifiant dont il est fort embarrassé pour faire l'allocation à un signifié, donné comme tel sans être pour autant connu. Il y a toujours une inadéquation entre les deux, résorbable pour l'entendement divin seul, et qui résulte dans l'existence d'une surabondance de signifiant, par rapport aux signifiés sur lesquels elle peut se poser. Dans son effort pour comprendre le monde, l'homme dispose donc toujours d'un surplus de signification (qu'il répartit entre les choses selon des lois de la pensée symbolique qu'il appartient aux ethnologues et aux linguistes d'étudier) (*ibid.*, p. XLIX).

Nous avons vu comment, selon Lévi-Strauss, il revient précisément à cette inadéquation d'expliquer les notions magico-religieuses de type *mana* qui représentent ce signifiant «flottant» ou excédent et, en définitive, vide, qui constitue «la servitude de toute pensée finie» (*ibid.*). Comme la mythologie chez Max Müller, pour Lévi-Strauss, bien que dans un sens assurément différent, les notions magico-religieuses représentent en quelque sorte une maladie du langage, l'«ombre opaque» que jette le langage sur sur la pensée et qui empêche durablement la soudure entre signification et connaissance, entre langue et pensée.

La suprématie du paradigme cognitif aboutit au fait que, chez Lévi-Strauss, l'événement de l'anthropogénèse est vu uniquement sous ses aspects gnoséologiques, comme si, dans le devenir humain de l'homme, ce n'était pas d'abord et nécessairement des implications éthiques (et sans doute aussi politiques) qui étaient en question. Nous voudrions suggérer ceci : quand, à la suite d'une transformation dont l'étude n'est pas du ressort des sciences humaines, le langage est apparu chez l'homme, ce qui a fait problème ne peut avoir été seulement, suivant l'hypothèse de Lévi-Strauss, l'aspect cognitif de l'inadéquation entre signifiant et signifié constituant la limite de la connaissance humaine. Ce qui doit avoir été aussi, et sinon plus, décisif pour le vivant qui s'est découvert parlant, c'est le problème de l'efficacité et de la véridicité de sa parole, c'est-à-dire de ce qui peut garantir le rapport originel entre les noms et les choses, et entre le sujet qui est

devenu parlant – donc capable d'affirmer et de promettre –
et ses actions. Par un préjugé tenace lié à leur profession
les savants ont toujours considéré l'anthropogenèse
comme un problème d'ordre exclusivement cognitif,
comme si le devenir humain de l'homme n'était qu'une
question d'intelligence et de volume cérébral et non
également d'*ethos*, comme si intelligence et langage ne
posaient pas aussi et avant tout des problèmes d'ordre
éthique et politique, comme si l'*homo sapiens* n'était pas
aussi, et peut-être bien pour cela, un *homo iustus*.

Les linguistes ont souvent tenté de définir la différence
entre le langage humain et le langage animal. Benveniste
a opposé dans cette perspective le langage des abeilles,
code de signaux fixe et dont le contenu est défini une fois
pour toutes, à la langue humaine, qui se laisse analyser
en morphèmes et phonèmes dont la combinaison permet
une potentialité de communication virtuellement infinie
(Benveniste [3], p. 62). Encore une fois, cependant, la spécificité du langage humain par rapport au langage animal
ne peut résider seulement dans les particularités de l'outil,
que des analyses ultérieures pourraient retrouver – et de
fait retrouvent sans cesse – dans tel ou tel langage animal;
elle consiste, plutôt, dans une mesure certes non moins
décisive, dans le fait que, seul d'entre les vivants, l'homme
ne s'est pas limité à acquérir le langage comme une
capacité parmi toutes celles dont il est doté, mais en a fait
sa puissance spécifique, *a mis en jeu dans le langage sa
nature même*. De même que, pour reprendre les termes de
Foucault, l'homme « est un animal dans la politique

duquel sa vie d'être vivant est en question » de même il est aussi *le vivant dans la langue duquel sa vie est en question*. Ces deux définitions sont en fait inséparables et dépendent constitutivement l'une de l'autre. A leur croisement se situe le serment, entendu comme l'opérateur anthropogénétique par lequel le vivant qui s'est découvert parlant, a décidé de répondre de ses paroles et, se vouant au *logos*, de se constituer comme le « vivant qui a le langage ». Pour que quelque chose comme un serment puisse avoir lieu, il est en effet nécessaire de pouvoir d'abord distinguer, et en quelque sorte articuler ensemble, vie et langage, actions et paroles – et c'est précisément là ce que l'animal, pour qui le langage est encore partie intégrante de sa praxis vitale, ne peut pas faire. La première promesse, la première – et, pour ainsi dire, transcendantale – *sacratio* se produit à cause de cette scission, où l'homme, en opposant sa langue à ses actes, peut se mettre en jeu en elle, peut se promettre au *logos*.

En effet, quelque chose comme une langue humaine n'a pu apparaître qu'au moment où le vivant, qui s'est trouvé co-originairement exposé à la possibilité de la vérité comme à celle du mensonge, s'est engagé à répondre sur sa vie de ses paroles, à témoigner pour elles à la première personne. De même que, selon Lévi-Strauss, le *mana* exprime l'inadéquation fondamentale entre signifiant et signifié qui constitue « la servitude de toute pensée finie », de même le serment exprime l'exigence, décisive à tout point de vue pour l'animal parlant, de mettre en jeu sa nature dans le langage et de nouer ensemble en un lien éthique et politique les mots, les choses et les actions. C'est seulement ainsi qu'une histoire, distincte de la nature et cependant indissolublement mêlée à elle, a pu se produire.

29. C'est dans le sillage de cette décision, dans la fidélité à ce serment, que l'espèce humaine, pour son malheur comme pour son bonheur, continue à vivre. Car toute dénomination est double : elle est bénédiction ou malédiction. Bénédiction si la parole est pleine, s'il y a correspondance entre le signifiant et le signifié, entre les mots et les choses ; malédiction si la parole reste vaine, si, entre le sémiotique et le sémantique, demeurent un vide et un écart. Serment et parjure, béné-diction et malé-diction correspondent à cette double possibilité inscrite dans le *logos*, dans l'expérience par laquelle le vivant s'est constitué comme être parlant. Religion et droit technicisent cette expérience anthropogénétique de la parole dans le serment et dans la malédiction, en tant qu'institutions historiques, en séparant et en opposant point par point vérité et mensonge, nom vrai et nom faux, formule efficace et formule erronée. Ce qui était « dit mal » devient de cette manière malédiction au sens technique, la fidélité à la parole souci obsessionnel et scrupuleux des formules et des rites appropriés, c'est-à-dire *religio* et *ius*. L'expérience performative de la parole se constitue et se sépare ainsi en un « sacrement du langage » et celui-ci en un « sacrement du pouvoir ». La « force de la loi » qui régit les sociétés humaines, l'idée d'énoncés linguistiques qui contraignent durablement les vivants, qui peuvent être observés ou

transgressés, découlent de cette tentative de fixer la force performative originaire de l'expérience anthropo-génétique et sont, en ce sens, un épiphénomène du serment et de la malédiction qui l'accompagnait.

Prodi ouvrait son histoire du « sacrement du pouvoir » sur la constatation que nous sommes aujourd'hui les premières générations à vivre notre vie collective sans le lien du serment et que ce changement ne peut pas ne pas impliquer une transformation des modalités d'association politique. Si un tel diagnostic tombe juste, cela signifie que l'humanité se trouve aujourd'hui devant une rupture ou, tout au moins, un relâchement du lien qui, par le serment, unissait le vivant à sa langue. D'un côté on a le vivant, toujours plus réduit à une réalité purement bio-logique et à la vie nue, et de l'autre, le parlant, artificielle-ment séparé du premier, par une multiplicité de dispositifs technico-médiatiques, dans une expérience de la parole toujours plus vaine, dont il lui est impossible de répondre et où quelque chose comme une expérience politique devient toujours plus précaire. Quand se rompt le lien éthique – et non simplement cognitif – qui unit les mots, les choses et les actions humaines, on assiste à une proliféra-tion spectaculaire sans précédent de paroles vaines d'une part et, de l'autre, de dispositifs législatifs qui cherchent obstinément à légiférer sur tous les aspects d'une vie sur laquelle ils semblent n'avoir plus aucune prise. L'époque de l'éclipse du serment est aussi l'époque du juron, où le nom de Dieu sort de son lien vivant avec la langue et peut seulement être proféré « en vain ».

Il est peut-être temps de mettre en question le prestige dont le langage a joui et continue de jouir dans notre culture, en tant qu'instrument de puissance, d'efficacité et de beauté incomparables. Pourtant, considéré en lui-même, il n'est pas plus beau que le chant des oiseaux, il n'est pas plus efficace que les signaux que s'échangent les insectes, il n'est pas plus puissant que le rugissement avec lequel le lion affirme sa souveraineté. L'élément décisif qui confère au langage humain ses vertus particulières ne réside pas dans l'outil en lui-même, mais dans la place qu'il laisse au parlant, dans le fait qu'il dessine à l'intérieur de lui une forme en creux que le locuteur doit à chaque fois assumer pour parler. Autrement dit, dans la relation éthique qui s'établit entre le parlant et sa langue. *L'homme est ce vivant qui, pour parler, doit dire « je », doit donc, « prendre la parole », l'assumer et se la rendre propre.*

La réflexion occidentale sur le langage a employé presque deux millénaires à isoler, dans l'appareil formel de la langue, la fonction énonciative, l'ensemble de ces indicateurs ou *shifters* (« je », « tu », « ici », « maintenant », etc.) par lesquels celui qui parle assume la langue en un acte concret de discours. Toutefois, ce que la linguistique n'est certainement pas en mesure de décrire, c'est l'*ethos* qui se produit dans ce geste et qui définit l'implication très particulière du sujet dans sa parole. C'est dans cette relation éthique, dont nous avons tenté de définir la signification anthropogénétique, qu'a lieu le « sacrement du langage ». C'est parce qu'à la différence des autres vivants, l'homme doit, pour parler, se mettre en jeu dans sa parole qu'il peut alors bénir et maudire, jurer et se parjurer.

Aux origines de la culture occidentale, dans un petit territoire situé aux confins orientaux de l'Europe, était apparue une expérience de parole qui, en prenant aussi bien le risque de la vérité que de l'erreur, avait prononcé avec force, sans jurer ni maudire, son oui à la langue, à l'homme comme animal parlant et politique. La philosophie commence au moment où le parlant, contre la *religio* de la formule, met résolument en cause le primat des noms, quand Héraclite oppose *logos* à *epea*, le discours aux paroles incertaines et contradictoires qui le constituent ou quand Platon, dans le *Cratyle*, renonce à l'idée d'une correspondance exacte entre le nom et la chose nommée, et, en même temps, rapproche onomastique et législation, expérience du *logos* et politique. En ce sens, la philosophie est constitutivement critique du serment : elle met en question le lien sacramentel qui lie l'homme au langage, sans pour autant simplement parler à tort et à travers, tomber dans la vanité de la parole. En une époque où toutes les langues européennes semblent condamnées à jurer en vain et où la politique ne peut que prendre la forme d'une *oikonomia*, c'est-à-dire d'un gouvernement de la parole vide sur la vie nue, c'est encore de la philosophie, dans la froide conscience de la situation extrême à laquelle est arrivé dans son histoire le vivant qui possède le langage, que peut se dessiner d'une ligne de résistance et un tournant.

א Dans l'*Opus postumum*, Kant recourt à l'image mythique du serment des dieux au moment d'expliquer l'un des points les plus ardus de sa doctrine, le schématisme transcendantal, que les interprètes modernes, développant une intuition de Schelling, tendent à relier au problème du langage. Kant écrit :

> Le schématisme des concepts de l'intellect […] est un instant dans lequel métaphysique et physique unissent leurs rives *Styx interfusa* (XXII, p. 487).

La citation latine provient d'un passage des *Géorgiques* (IV, 480), où Virgile évoque l'eau de la lagune stygienne en des termes très sombres qui renvoient à sa fonction de « grand et terrible serment des dieux » : *tardaque palus inamabilis unda / alligat et novies Styx interfusa coercet [le marais détesté qui enserre [les morts] de son onde paresseuse et le Styx qui les enferme dans ses neuf replis].* Le schématisme (le langage) unit pour un instant, en une sorte de serment, deux règnes qui semblent devoir demeurer à jamais séparés.

BIBLIOGRAPHIE

La bibliographie ne présente que les titres cités dans le texte. Les classiques grecs et latins ont été retraduits au plus près des textes originaux, les citations de la Bible suivent la traduction de l'École biblique de Jérusalem (Éditions du Cerf, Paris, 1955), revue parfois pour des raisons de cohérence.

AGAMBEN G., *Homo sacer. Il potere sovrano e la nuda vita*, Torino, Einaudi, 1995 ; *Homo Sacer. Le pouvoir souverain et la vie nue*, trad. Marilène Raiola, Paris, Seuil, 1997.

AUJOULAT N., *Le néoplatonisme alexandrin. Hiéroclès d'Alexandrie : filiations intellectuelles et spirituelles d'un néoplatonicien*, Leiden, Brill, 1986.

BENJAMIN W., *Über Sprache überhaupt und über die Sprache des Menschen*, in *Gesammelte Schriften*, 2 vol., Frankfurt am Main, Suhrkamp, vol. I, 1977.

BENVENISTE [1] : BENVENISTE É., « L'expression du serment dans la Grèce ancienne », *Revue de l'histoire des religions*, 1948, p. 81-94.

BENVENISTE [2] : BENVENISTE É., *Le vocabulaire des institutions indo-européennes*, Paris, Minuit, vol. 1-2, 1969.

BENVENISTE [3] : BENVENISTE É., *Problèmes de linguistique générale*, Paris, Gallimard, vol. 1, 1966.

BENVENISTE [4] : BENVENISTE É., *Problèmes de linguistique générale*, Paris, Gallimard, vol. 2, 1974.

BICKERMANN E., « À propos de la phénoménologie religieuse », *Revue des études juives*, XCIX, 1935 ; repris dans *Studies in Jewish and Christian History*, Leiden, Brill, 1986.

BOLLACK J., « Styx et serments », *Revue des Études grecques*, 71, 1958, p. 1-35.

CASSIRER E., *Sprache und Mythos*, 1959 ; *Langage et mythe*, trad. Ole Hansen-Love, Paris, Minuit, 1989.

DUMÉZIL [1] : DUMÉZIL G., *Mythe et Épopée*, Paris, Gallimard, t. 1, 1968.

DUMÉZIL [2] : DUMÉZIL G., *Mythe et Épopée*, Paris, Gallimard, t. 3, 1973.

DUMÉZIL [3] : DUMÉZIL G., *Idées romaines*, Paris, Gallimard, 1969.

DUMÉZIL [4] : DUMÉZIL G., *La religion romaine archaïque*, Paris, Payot 1966.

FARAONE C.A., « Curses and Blessings in Ancient Greek Oaths », *Journal of Ancient Near Eastern Religions*, 5, 2006, p. 140-158.

FOWLER W.W., *Roman Essays and Interpretations*, Oxford, Clarendon Press, 1920.

FRAENKEL H., « Zur Geschichte des Wortes "fides" », in *Rheinisches Museum*, LXXI, 1916.

GERNET [1] : Gernet L., *Anthropologie de la Grèce antique*, Paris, Maspero, 1968.

GERNET [2] : Gernet L., « Le droit pénal de la Grèce antique », dans *Du châtiment dans la cité*, Roma, École française de Rome, 1984.

GLOTZ G., « Iusiurandum », *in* Daremberg-Saglio, *Dictionnaire des antiquités grecques et romaines*.

GÜNTERT H., *Von der Sprache der Götter und Geister*, Halle, Niemeyer, 1921.

HENDRICKSON G.L., « Archilochus and the Victims of His Iambics », *American Journal of Philology*, 61, 1926, p. 101-127.

HIRZEL R., *Der Eid. Ein Beitrag zu seiner Geschichte*, Leipzig, 1902.

IMBERT J., « De la sociologie au droit : la *fides* romaine », dans *Mélanges Lévy-Bruhl*, Paris, 1959.

KRAUS C., *Mysterium und Metapher*, Münster, Aschendorf, 2007.

LÉVI-STRAUSS C., « Introduction à l'œuvre de M. Mauss », dans M. Mauss, *Sociologie et anthropologie*, Paris, P.U.F., 1950.

LORAUX N., *La Cité divisée. L'oubli dans la mémoire d'Athènes*, Paris, Payot & Rivages, 1997.

MAGDELAIN A., *Ius Imperium Auctoritas*, Roma, École française de Rome, 1990.

MAÏMONIDE, *Le Guide des égarés*, trad. S. Munk, Paris, Maisonneuve et Larose, 2003.

MAUSS M., *Sociologie et anthropologie*, Paris, P.U.F., 1950.

MEILLET A., *Linguistique historique et linguistique générale*, Paris, Champion, 1975.

MILNER J.-C., *De la syntaxe à l'interprétation*, Paris, Seuil, 1978.

MÜLLER M., *Lectures on the Origin and Growth of Religion (Hibbert Lectures)*, London, Longmans, 1878.

NOAILLES [1] : NOAILLES P., *Du droit sacré au droit civil. Cours de droit romain approfondi (1941-42)*, Paris, Recueil Sirey, 1949.

NOAILLES [2] : NOAILLES P., *Fas et jus. Études de droit romain*, Paris, Les Belles Lettres, 1948.

PLESCIA J., *The Oath and Perjury in Ancient Greece*, Tallahassee, Florida State University Press, 1970.

PRODI P., *Il sacramento del potere. Il giuramento politico nella storia costituzionale dell'Occidente*, Bologna, Il Mulino, 1992.

PUFENDORF S., *De jure naturae et gentium*, Berlin, Akademie Verlag, 1998 (1 re éd. 1672).

RICCOBONO S. (a cura di), *Fontes iuris Romani antejustiniani*, I, *Leges*, Firenze, 1941.

SCHOLEM G., *Judaica*, Frankfurt am Main, Suhrkamp, vol. I, 1973.

THOMAS Y., *Corpus aut ossa aut cineres. La chose religieuse et le commerce*, « Micrologus », VII, 1999.

TORRICELLI P., « Sul greco horkos e la figura lessicale del giuramento », in *Atti Accad. naz. dei Lincei*, 36, 1981, p. 125-142.

USENER H., *Götternamen. Versuch einer Lehre der religiösen Begriffsbildung*, Frankfurt am Main, Klosterman, 1985 (1 re éd. 1896).

WESSELY K., *Ephesia Grammata*, Wien, Jahresbericht des Franz-Joseph Gymnasium, 1886, p. 210.

WITTGENSTEIN L., *On Certainty*, Oxford, Blackwell, 1969 ; *De la certitude*, trad. Jacques Fauve, Paris, Gallimard, 1978.

ZIEBARTH E., « Der Fluch im griechischen Recht », *Hermes*, 30, 1895, p. 57-70.

INDEX

TABLE DES MATIÈRES

ACHEVÉ D'IMPRIMER
EN AOÛT 2009
PAR L'IMPRIMERIE
DE LA MANUTENTION
A MAYENNE
FRANCE
N° 208-09

Dépôt légal : 3ᵉ trimestre 2009